Gärtnerin aus Liebe

RUTH WEGERER

Gärtnerin aus Liebe

Von der grünen Wiese
zum blühenden Garten der Poesie

fotografiert von SIMONE ANDRESS

Christian Brandstätter Verlag

Für Natascha – mit liebevollen Gedanken an ihren Vater –
nur mit ihm zusammen konnte dieser Garten entstehen.

Ein Wort davor

„Garten ist wie Hausarbeit:
Auch wenn man schönes Geschirr verwendet,
muss man trotzdem täglich abwaschen".
Stefan Schmidt – Landschaftsarchitekt

Diese humorvoll gemeinten Worte meines alten Freundes und einstigen Nachbarn beschreiben punktgenau den Unterschied zwischen dem Gärtnern und anderen Freizeitbeschäftigungen. Dass man mitten in der Gartenarbeit nicht einfach alles liegenlassen und irgendwann wieder aufnehmen kann, mag einer der Gründe sein, warum das Gärtnern für viele Menschen im deutschsprachigen Raum noch nicht wirklich zur Lebenskultur gehört, obwohl sich die Gartenszenerie in den letzten fünfzehn Jahren enorm verändert hat. Der geringe Stellenwert, den der Garten in unseren Breiten immer noch hat, äußert sich sehr typisch in einem Radiospot eines großen Baumarktes, den ich unlängst hörte: „... Bei uns eröffnen sich Ihnen vier Welten – Bauen, Wohnen, Werkzeug und Garten." Und wieder einmal kommt der Garten als Schlusslicht!

Dabei boomt die Gartenlust geradezu, das Sortiment der Gärtnereien wird von Jahr zu Jahr erweitert und in der Zwischenzeit kann man endlich auch bei uns Pflanzen kaufen, die man vor zehn oder fünfzehn Jahren höchstens in Deutschland oder England bestellen konnte. Für viele leidenschaftliche Gärtner war eine Reise nach England übrigens der Auslöser für ihre Gartenpassion. Dort ist man nämlich mit einer allgegenwärtigen Gartenkultur konfrontiert, die über Jahrhunderte gewachsen ist. Vergleichbar mit der Esskultur in Italien: Gute Küche gehört dort schlichtweg zum Alltag und wird gehegt und gepflegt, Rezepte aller Großmütter und Tanten gesammelt. Dem Stellenwert der Küchenkultur in Italien ist die Gartenkultur in England durchaus vergleichbar. Und hier können wir uns getrost etwas Nachhilfe holen: Denn im deutschsprachigen Raum gehörte, gerade nach dem Zweiten Weltkrieg, die Kunst der Gartengestaltung nicht zu den Prioritäten. Die Menschen dachten verständlicherweise mehr an Selbstversorgung als an Verschönerungsmaßnahmen. Auch knüpfte man in den 50er Jahren kaum mehr an die Gartentraditionen des Barock, Biedermeier und Jugendstil an, die ja durchaus in Form von öffentlichen Anlagen und Privatbesitzen vorhanden waren.

Wer heute in den Wiener Villenvierteln spazieren geht, sieht manchmal noch Reste der großen Gartenvergangenheit. Aber ganz ehrlich – richtig gute Gärten, die durch ihre adäquate Gestaltung und Bepflanzung auch das Herz von Menschen höher schlagen lassen, die Grünanlagen ansonsten nur flüchtige Blicke schenken, sind leider ganz selten. Der Zauber, der von Gärten ausgeht, die mit Liebe, Leidenschaft und Fachwissen angelegt wurden, ist unvergleichbar und bringt Frieden und Schönheit ins Leben. Diese Kombination von Hingabe an den Lauf der Natur und dem Erschaffen ganz eigener Kreationen ist viel mehr als nur eine Freizeitbeschäftigung, sie fordert Seele, Geist und Körper und führt dadurch zu einem ausgefüllteren, zufriedeneren Leben. Leidenschaftliche Gärtner haben, besonders wenn sie sich in ihrem grünen Reich aufhalten, immer einen entspannten, fast schon glücklichen Gesichtsausdruck!

Und da ich mich selbst seit vielen Jahren in Theorie und Praxis intensiv mit dem Garten auseinandersetze, keimte in mir der Wunsch, ein etwas anderes Gartenbuch zu schreiben. Ratgeber zu verschiedensten Gartenthemen von kompetenten Fachleuten gibt es schon sehr viele. Ich möchte meine persönliche Geschichte vom Gärtnern erzählen, die Erfahrungen einer Gärtnerin schildern, die erst in ihren mittleren Jahren einen Garten erstehen lassen konnte. Und zwar einen „normalen" Hausgarten, keinen Schlossgarten oder Park, für den man viele Helfer braucht. Von all den Auf und Abs, von schwerer Arbeit und leichtem Genießen möchte ich berichten, von den Früchten dieser Arbeit und von meinen geliebten Blumen, vom Kommen und Gehen, vom Werden und Vergehen. Und vom beständigen Glück, das nur ein Garten hervorbringen kann. Begleiten Sie mich auf meinem Weg durch die letzten Jahre und durch die Jahreszeiten – willkommen in meinem Garten des Augenblicks!

Ruth Wegerer

Inhalt

Wohnzimmergarten & Gartenzimmer

DIE PASSION

Manche meiner Zimmerpflanzen begleiten mich schon eine lange Zeit, wie der große Farn, der sicher über dreißig Jahre alt ist und zu jeder Jahreszeit dem Wohnzimmer einen Hauch von Wintergarten verleiht.

Die erste Blume meiner Kindheitserinnerung ist eine kleinblütige, zartrosa Kletterrose mit fiedrigen, hellgrünen Blättchen. Sie wuchs bei der wackeligen Gartentreppe, die zum alten Gewächshaus des ehrwürdigen Alpenhotels führte, in dem ich als Kind wunderbare Sommer verbringen durfte. Dieses traditionsreiche Hotel in Gösing an der Mariazellerbahn mit seinem gepflegten Park und einem Seerosenteich neben dem kleinen Schwimmbecken liegt inmitten von waldigen Hügeln mit Ausblick auf den Ötscher. Diese gelungene Kombination von gepflegtem Garten und wuchernder Natur hat mein Unterbewusstsein wahrscheinlich ebenso nachhaltig beeindruckt wie der verwachsene, grüne Hinterhof in einem eher grauen Wiener Vorstadtbezirk mit meiner pflanzenden, gießenden, zupfenden Mutter. Seit ich mich erinnern kann, spielen Blumen und die Pflanzenwelt in meinem Leben eine tragende Rolle. Wir hatten zwar nie einen eigenen Garten, also durfte ich als Kind immer nur in den Gärten von befreundeten Familien spielen, aber dafür jeden Sommer die ganzen Ferien am Land verbringen. Schwammerl suchen, Beeren sammeln und Blumen pflücken gehörten ganz wesentlich zu meiner Kindheit und haben wohl schon früh meine eigene Pflanzen- und letztendlich Gartenleidenschaft gefördert.

Den ersten Urlaub mit meinem Mann verbrachte ich Ende der 1960er Jahre in Italien, in Cinque Terre an der ligurischen Küste, den zweiten gemeinsamen Sommer in Kalabrien und von Jahr zu Jahr verlagerten wir unser Urlaubsziel immer südlicher, bis wir im Juli 1979 auf der sizilianischen Insel Pantelleria landeten, die für die folgenden dreizehn Jahre unser jährliches Feriendomizil wurde. Dort verschwanden Mann und Kind im Meer – Alfred frönte seinem Unterwassersport – und unsere Tochter Natascha kam kaum aus dem Wasser heraus. Ich jedoch musste gleich nach unserer Ankunft zuerst einmal die Natur der Umgebung erkunden und kam mit einer Ausbeute aus Strandflieder oder Kapernblüten, Mimosenzweigen (die eigentlich Akazien heißen) oder anderen, mir noch fremden Gewächsen wieder ins Strandhaus zurück. Wo auch immer ich mich aufhalte, kleine Vasen (oder Gläser, Tassen, Flaschen) mit selbst gepflückten Blumen gehören für mich zum täglichen Leben, erinnern mich an meine in Blumen vernarrte Mutter mit ihren liebevollen, kleinen Sträußen, die meine Kindheit freundlich duftend begleiteten.

Ein Sammelsurium von bepflanzten Töpfen und Kübeln umgibt das Haus jeden Sommer. Überwinterte Pelargonien in verschiedenen Sorten, ausgesäte Kapuzinerkresse und immer wieder dazugekaufte sommerblühende Neuheiten vervollständigen das Gartenbild.
Als Stellage dienen alte Gartentische und hölzerne Treppchen, die im Laufe der Jahre vom Trödelmarkt oder als Geschenke eingewandert sind.

Der geschützte Gartensitzplatz unter Dach ist eine der Annehmlichkeiten, die das alte Häuschen bietet – mit Ausblick auf blühenden Phlox und zitronengelbe Taglilien. Hier haben wir schon so manchen gemütlichen Abend, auch bei sanftem Sommerregen, verbracht.

Zu meinen Gartenfreuden gehört auch das Ansammeln der unterschiedlichsten Pflanzgefäße. Das treue Olivenbäumchen, das schon viele Jahre auf meiner Wiener Fensterbank überwintert, bewohnt einen handgedrehten, frostfesten Topf eines bayrischen Keramikers, und das kleine Muscheltöpfchen stammt aus meiner eigenen Bastelwerkstatt.

Beim sonnigen Sitzplatz im unteren Garten an der rosenbewachsenen Wand des Gästezimmers hat die Mauer einen Saum aus Lavendel, aus dem zwei verschiedene Clematis den aufregenden Rahmen der kleinen Terrasse bilden. Die zartblaue ist eine sommerblühende, rankende Viticella-Clematis und heißt „Prinz Charles", daneben ergänzt die staudige Hybride „Aljonushka" mit großen dunkelrosa Glocken das Pflanzenbild. Die schon etwas abgenutzten Gartenstühle waren ein Geschenk einer Kunsthändlerin, deren gute Gaben aus vergangenen Zeiten wunderbar zu meiner Vorstellung von Dekoration und Gartenmobiliar passen.

Unsere Wohnung in Wien, in der ich heute noch lebe, verwandelte sich schon in den ersten Jahren in einen gestalteten Dschungel. Wir hatten bald mehr Pflanzen als Möbel, aber meine Arbeit als Wohnjournalistin und die damit verbundene Sensibilität für die Gestaltung meines persönlichen Umfelds haben mich stets davor bewahrt, einfach nur einen „Urwald" in meine Wohnung zu holen. Nein, die Pflanzen verleihen dem Wohnraum erst eine richtig gemütliche Atmosphäre. Ohne das viele Grün, das sich in der südseitig gelegenen Wohnung in der dritten Etage gut entwickelt, wäre das große Wohnzimmer vielleicht etwas kühl geraten. Ich liebe ausgefallenes Grünzeug wie Sukkulenten (ich bevorzuge Dickblattgewächse, Kakteen sind mir zu stachelig), so wird in den kühlen Monaten auch der Gang vor meiner Wohnungstüre zum Winterquartier für Exoten wie Aloen, Agaven und neuerdings auch verschiedene Duftblatt-Pelargonien und wirkt dadurch fast wie ein kleiner Vorgarten. Wie andere Leute gerne Sport betreiben oder Ansichtskarten sammeln oder ihr Leben mit Haustieren teilen, kann ich an keiner Gärtnerei vorbeigehen, ohne mit einem bepflanzten Töpfchen wieder herauszuspazieren. Also – mit mindestens einem, manchmal sind es auch ganze Kisten voller Pflanzenraritäten. Im Laufe der Zeit wurden meine Trophäen immer ausgefallener, das war schon so, lange bevor ich unseren ersten Garten beackern durfte. Ausschließlich Pflanzen sammeln und kultivieren war mir zu einseitig und Berufsgärtnerin wollte ich nie werden. Für mich entfalten meine pflanzlichen Lieblinge erst dann ihren wahren Sinn, wenn ich sie optisch ansprechend in mein Umfeld einbeziehen kann.

Die betonierte Fläche vor dem Haus stammt wahrscheinlich noch vom Vater der Hausbesitzerin, hat aber durch Alterungsprozess und Wildbewuchs in den Ritzen einen ganz eigenen Charme bekommen. Und die mit Wunderblumen, Ananasminze und anderen Kräutern bepflanzten Zinkblechwannen bilden eine hübsche Abgrenzung zur Wiese.

Ohne jemals ernsthaft ein Haus mit Garten gesucht zu haben, fiel es uns eines Tages buchstäblich in den Schoß. Durch Bekannte, die ein Wochenend- und Sommerhaus aus beruflichen Gründen aufgeben mussten, kamen wir sozusagen über Nacht zu unserem ersten Garten. Einige Kilometer hinter der niederösterreichischen Weinstadt Langenlois in Richtung Waldviertel gelegen, wartete ein romantisches Grundstück am Fuße einer Burgruine, inmitten von Föhren- und Buchenwäldern in der kleinen Ortschaft Kronsegg scheinbar nur darauf, von uns zu neuem Leben erweckt zu werden. Wir krempelten also die Ärmel hoch, Alfred widmete sich der Renovierung des (gemieteten) Hauses und ich stand erst einmal in der Wiese, schaute über das Bächlein, das diese querte und fragte mich, was sich aus dieser Streuobstwiese nun wohl machen ließe? Denn Pflanzenliebe hin oder her, richtig gegärtnert hatte ich bis dahin noch nie. Aber die guten Gartengeister waren gnädig und schickten mir eine pflanzenkundige Nachbarin mit Ablegern, Sommerblumensamen und hilfreichen Ratschlägen. Wie andere Menschen ein Talent für Malerei, Musik oder Handarbeiten besitzen, scheine ich so etwas wie eine natürliche Gabe für das Gestalten mitbekommen zu haben. In diesem ersten Garten begann ich damit, die vorhandenen Strukturen zu bepflanzen. Am Haus entlang entstanden die ersten Beete, das „Plumpsklo" in der Wiese wurde mit wildem Wein zugegrünt und entlang des oberen Bachlaufs entstand ein erstes Staudenbeet. Hinter der großen Scheune an der Südseite legte ich einen kleinen Gemüsegarten an und freute mich wie eine Schneekönigin über meine ersten eigenen Radieschen, Karotten und wohlgeratenen Salate. Dann pflanzte ich einige Historische Rosen und Clematis. In den

Der blühende Garten wandert auch ins Haus herein und füllt in Vasen und Flaschen die Räume mit Duft und Blütenzauber. Es sind eigentlich nur einfache Mittel nötig, um stimmungsvollen Alltag entstehen zu lassen. Meine Vorstellung von einem zufriedenen, glücklichen Leben beinhaltet auch das, was von den meisten Leuten als „sooovıel Arbeit" empfunden wird! Doch wer nichts tut, hat auch nichts. Und nachdem Alfred und ich immer schon „Tatmenschen" waren und seit unseren mittleren Jahren zur Erholung die Betätigung dem „dolce far niente" vorzogen, durften wir auch nach vielen Sommern harter Arbeit die Früchte – ein hübsches Sommerhaus umgeben von unserem persönlichen Gartenbild – genießen!

frühen 1990er Jahren gab es bei uns zwar noch keine große Auswahl, doch in Kürze fanden sich Gleichgesinnte wie etwa eine Freundin, die am Wiener Nussberg aus einem verlotterten Weingarten ein wahres Rosenparadies erstehen ließ. Durch sie und andere Blumenfreundinnen bekam ich Versandadressen für besondere Stauden und Rosen. Aber auch die Gärtnereien und Baumärkte erweiterten schön langsam ihr Repertoire. Der Garten bekam peu à peu sein ganz eigenes neues Gesicht und 1995 öffneten wir zum ersten Mal unsere Gartentür für die „Gartenlust", eine kleine Veranstaltung nach englischem und französischem Vorbild, bei der Künstler und Handwerker ihre Erzeugnisse rund um den Garten präsentieren. Dreimal fanden unsere Gartentage im ersten Kronsegger Garten statt und zogen zu unserer eigenen Überraschung hunderte Besucher an.

Auch die Dekorationen passen sich in unserem Garten dem natürlichen Umfeld an. Begehrte Objekte sind immer wieder die Sandsteingefäße der Bildhauerin Anna Schalk. Ihre handgemeißelten Objekte sind großteils mit den unterschiedlichsten Hauswurzen (Sempervivum) *bepflanzt, die aber auch in verrosteten alten Sieben und Kochtöpfen ein gemütliches Zuhause gefunden haben.*

Fundstücke wie Flusssteine, selbstgefertigte Muschelkugeln und farblich abgestimmte Rosenkugeln bringen Bewegung in die Beete.

1997 eröffneten uns die Besitzer, dass sie Haus und Garten verkaufen wollen und fragten uns, ob wir Interesse hätten, unsere Idylle zu erwerben. Wir überlegten lange, aber der hohe Kaufpreis und die doch eher schattige Lage des Grundstücks hielten uns davon ab. Plötzlich standen wir also ohne Garten da und wussten nicht genau, ob wir uns einen neuen suchen oder einfach die Hände in den Schoß legen sollten? Doch ganz ohne Garten ging es nicht. Die Rosenfachfrau Catherine Matuschka lud uns in ihr Marienschlössl im nahen Strassertal ein, dort verbrachten wir die Wochenenden im Frühling und trafen Vorbereitungen für unsere „Gartenlust", die unter der Bezeichnung „Gartenlust & Rosenzauber" im Marienschlössl eine neue Heimat fand.

Im Juli 1998 kam ein Anruf unserer Nachbarin aus Kronsegg. Sie fragte, ob wir vielleicht ihr Haus und den großen Garten übernehmen wollen, es sei ihr ohne Hilfe einfach zuviel: die Pflege der Obstbäume, das Mähen der Wiese und das Haus, das auch in keinem guten Zustand sei. Da war es, das Geschenk des Himmels. Und obwohl wir ahnten, was da auf uns zukommt, konnten wir nicht widerstehen. Haus und Garten waren ja vertraut, lagen auf der anderen Straßenseite des alten Gartens in der Landschaft, die uns in acht Jahren all das geboten hatte, was wir vom Landleben erwünschten. Noch bevor der Mietvertrag gegen Renovierung und Erhaltung unterschrieben war, hatten wir das Haus ausgeräumt und das große Beet davor von den wuchernden Wildkräutern befreit. Fünf Sommer lang dauerte es, das Haus bewohnbar zu machen und aus einer Wiese mit Obstbäumen den Garten erstehen zu lassen, der sowohl zu uns als auch zur Landschaft passte. Das kleine, alte Häuschen entsprach genau unserer Vorstellung vom Erholungsraum am Land. Schlicht und einfach mit seinen schiefen Mauern, aber voller Charme und Liebreiz. Rundherum Wälder zum Herumspazieren und Schwammerlsuchen, die Stadt Krems und die Wachau nur eine Viertelstunde entfernt, in nördlicher Richtung das Waldviertel vor der Tür, ideal für kleine Tagesausflüge. Ich wäre am liebsten ganz aufs Land gezogen, aber das Haus winterfest zu machen hätte zu großen Aufwand erfordert für ein gemietetes Objekt. Also haben wir Haus und Garten jedes Jahr Ende Oktober eingewintert und um Ostern herum wieder aus dem Winterschlaf erweckt. In den Wintermonaten sind wir nur tagsüber hinausgefahren, haben bei unseren Lieblingswirten zu Mittag gespeist und nachgeschaut, ob im Häuschen alles in Ordnung ist. Manchmal, in schneereichen Wintern, mussten die Buchsbäume von den Schneemassen befreit, die Kübelpflanzen, die im Erdkeller überwinterten,

gewässert werden. Dann fuhren wir zufrieden nach Wien zurück und erst im März wurden die ersten Frühlingsarbeiten, wie Stauden zurückschneiden oder Laub rechen, in Angriff genommen.

So ist Schritt für Schritt unser Garten entstanden. Das von Wald umsäumte, an einen Hügel geschmiegte Grundstück mit ansteigenden Ebenen hinter dem Haus inspirierte meinen Gestaltungsdrang, und so entwickelte sich über die Jahre ein Gartenteil nach dem anderen. Zuerst die zartbunten Beete unten vor der großen Wiese neben dem Sitzplatz, dann das „Empfangskomitee" – parallel angelegte Rabatten mit kleinen Bäumchen und weißblühenden Pflanzen. Unter den Apfelbäumen legte ich Schattenbeete in Wellenlinien an, das kleine Vorgärtchen wurde mit Rankrosen und Storchschnabel zum Blickfang. An den Hausmauern vertieften Rosen, Clematis und Blauregen den verwunschenen Eindruck, den der Garten bald machte.

Kapuzinerkresse (Tropaeolum) *gehört für mich einfach zum Sommer! In Beeten und in Töpfen verbreitet dieses reizende Gewächs mit seinen essbaren Knospen (althergebracht als Kapernersatz) und dekorativen Blüten (Salate!) von Ende Juni bis Oktober seinen Blütenzauber.*

Den größten Teil der Töpfe, die das einstige Votivkerzengestell am Vorplatz bevölkern, übersiedle ich im Herbst nach Wien und überwintere sie auf den Fensterbänken im kühlen Stiegenhaus. Das klingt aufwendiger als es ist – einfach die Töpfe in ein paar Kistchen gepackt, ab auf die Ladefläche meines kleinen Cinquecento – binnen kurzer Zeit sind sie für ungefähr sechs Monate im Winterquartier ...

Wochenendstress & Ferienglück

DER ZWEITWOHNSITZ

Langeweile kommt hier wirklich nie auf. Immer ist irgendetwas zu tun, um das selbst gewählte Bild von Haus und Garten aufrecht zu erhalten. So ein altes Haus ist ja nie „fertig“ – und ein Garten schon gar nicht. Regelmäßig muss Verblühtes entfernt, die fröhlich wuchernden Wildkräuter in Schach gehalten und die Wiese (Rasen kann man unser Grün nicht nennen) gemäht werden.

Für so manche wäre es vielleicht eine schwerwiegende Entscheidung gewesen, sich auf das Abenteuer einzulassen, ein altes Gebäude zu renovieren. Aber wir, obwohl nicht mehr die Jüngsten, stürzten uns voll Freude in die Arbeit und hatten unseren Spaß an der Herausforderung. Auch wenn uns Haus und Garten gar nicht gehörten. Aber die Eigentümerin, eine kluge Frau, überließ uns das Domizil auf zehn Jahre gegen Renovierung und Erhaltung, da sie selbst keine Verwendung dafür hatte, sich aber vorerst vom einstigen Sommerhaus ihrer Eltern nicht trennen wollte. Also behandelten wir das „schönste Grundstück im Ort“, als wäre es unser Eigentum. Denn das Glück, das einem zufällt, sollte man festhalten. So wurde der Garten vom Frühjahr bis in den Herbst zu unserem Lebensmittelpunkt und ich bekam und nutzte dadurch auch die Chance zur beruflichen Weiterentwicklung. Denn jetzt war es mir schon aus persönlichem Interesse wichtig über Gartengestaltung und Pflanzen zu recherchieren, zu schreiben und die österreichische Gartenszenerie genauer zu erforschen. In den ersten fünf Jahren glich der Garten eher einer Baustelle, die aber von Jahr zu Jahr mehr zu einem Gartenidyll gedieh. Durch die regelmäßige „Schwerarbeit“ am Wochenende bekam unsere romantische Wildnis schön langsam Struktur und jenen bescheidenen Komfort, den wir uns für die Sommermonate am Land vorgestellt hatten.

Landschaft, Haus und Garten sollten für mich zu einer Einheit werden. Aufblühen und vergehen, kommen und gehen, der Natur ganz nahe sein, umgeben von Vogelgezwitscher und dem lautlosen Flügelschlag der Schmetterlinge: Manchmal ist es hier schon fast kitschig, wie in einem Rosamunde Pilcher-Film!

Vor über 30 Jahren, auf all unseren Urlaubsreisen nach Süditalien, haben wir teure Hotels oder Ferienclubs immer gemieden und uns in Kalabrien, auf Sardinien, auf den sizilianischen Inseln Vulcano oder Pantelleria immer kleine Häuser oder ein Appartement in Strandnähe gemietet. Auch die Mahlzeiten haben wir einfach gestaltet. Zu Mittag gab es Salat oder Pasta und abends erkundeten wir die kulinarischen Highlights der Urlaubsorte. Diesen Rhythmus haben wir auch in unserem neuen Ferienparadies beibehalten. Tagsüber gönnten wir uns einen frischen Salat aus dem Garten und abends entdeckten wir, erschöpft und zufrieden nach der Gartenarbeit, die Heurigenlokale und Landgasthäuser der Umgebung. Unser kleiner Ort im Wald liegt am Rande eines großen Weinbaugebietes, auch das ist einer der Gründe, sich in dieser Region so wohl zu fühlen. Wo Wein ist, ist Kultur. Und dort herrscht immer pulsierendes Leben. Abgeschnitten von der Welt, hoch oben auf der Alm, würde ich es wahrscheinlich nur für ein paar Tage aushalten.

Verträumten, etwas „schäbigen Chic" findet man in der kleinen Veranda, die sehr zum Charme des Häuschens beiträgt. Fundstücke, Mitbringsel und natürlich Blumen schmücken die schmale Fensterbank. Auch wenn man sich im Haus aufhält, schaut der Garten bei jedem Fenster herein und manchmal wiederholen sich die Farben von Tischdecke und Pölstern in den Beeten.

Viele unserer alten Freunde hielten uns wohl doch für ziemlich verrückt, weil wir, anstatt gemütlich auf Urlaub zu fahren oder uns dem Golfspiel zu widmen, Wochenende für Wochenende, Sommer für Sommer, Jahr für Jahr im Garten werkten, um uns einen Ort zum Wohlfühlen zu schaffen. Das ging natürlich nicht von heute auf morgen. Tagelang mussten am Haus Fenster, Türen und die Veranda abgeschliffen werden, es wurde gestemmt, gesägt, gespachtelt, gemalt und gestrichen, dass sich die Balken im wahrsten Sinn des Wortes bogen. Fenster wurden erneuert, neue Holzböden gelegt, eine komfortablere Küche und ein Badezimmer installiert. Parallel dazu habe ich mich der Gärtnerei buchstäblich hingegeben. Ich riss an allen Ecken und Enden die Grasnarbe auf, legte Sonnen- und Schattenbeete an und überzog die Wiesen rund um das Haus mit mehrjährigen Blütenstauden, Rosen, Gehölzen und sommerblühenden Einjährigen. Nur beim Anlegen des Gemüsegartens und der kiesbelegten Treppe, die dort hinführt, ließ ich mir notgedrungen helfen. Aber auch den ersten Zaun, der unser junges Gemüse vor den gefräßigen Rehen schützen sollte, einen romantischen Flechtzaun aus Haselzweigen und Weidenruten, habe ich eigenhändig Stück für Stück geflochten. Doch nach zwei Jahren wurde mein „Kunstwerk" leider brüchig und musste durch einen traditionellen Holzzaun ersetzt werden, den ein geschickter, freundlicher Nachbar anfertigte.

Im Laufe der Jahre ist auch das große Beet vor dem Sitzplatz in der Wiese richtig zugewuchert. Doch bei aller Liebe zur Gartenarbeit, jedes Unkräutlein rupfe ich nicht gleich aus, kaum dass es sich zeigt. Alle paar Wochen muss es aber doch sein, aber dann zahlt sich der Arbeitsaufwand wenigstens aus.

Für manche Arbeiten braucht es Teamarbeit und männliches Know-how. Beispielsweise um den ausufernden Kletterrosen zu Leibe zu rücken.

Wenn heute Besucher in den Garten kommen und die Fotos vom Urzustand sehen, können sie es kaum glauben, das es nur neun Jahre gedauert hat, um aus der großen Wiese, eingerahmt von Obstbäumen, einen vom Frühjahr bis in den Herbst durchblühenden Garten entstehen zu lassen. Vielleicht hatte es etwas mit meiner Lebenseinstellung zu tun, die sich im Laufe dieser Jahre der Wochenendgärtnerei entwickelte. Gelassen bleiben, egal was kommt! Für mein eher aufbrausendes Naturell war es eine echte Herausforderung, den alltäglichen Plagen des Gärtnerlebens ins Auge zu blicken, ohne gleich zu aggressiven Mitteln greifen zu wollen. Meine Lehrmeister in Sachen Gelassenheit waren unter anderem die Wühlmäuse, die uns in einem Jahr verschonten, um dann im nächsten gleich alle neu gelegten Tulpenzwiebel und ein Zierbäumchen zu vernichten. Denn der Garten lehrt den willigen Gärtner als erstes Geduld. Und dass es oft nicht so geht, wie man es selber will. Hat man gerade vor, ein Beet anzulegen oder den Komposthaufen umzuschichten, ziehen sicher Wolken auf und es fängt an zu regnen. Im zeitigen Frühjahr oder im Herbst, wenn die intensivste Arbeit anfällt und nur am Wochenende Zeit dafür ist, kann man fast sicher sein, dass das Wetter nicht mitspielt. Aber schließlich bin ich ja nicht aus Zucker, also hinein in die Gummistiefel und die warme Jacke, den Regenhut aufgesetzt, den Spaten zur Hand und los geht's! Und ganz ehrlich – gibt es wirklich irgendetwas, das uns Gartennarren zufriedener und ausgeglichener macht?

Vor dem Haus bietet das große, eingezäunte Beet schon im Frühsommer blühende Lichtblicke wie den Blütenschaum des Frauenmantels (Alchemilla mollis), *hier mit einer vorwitzigen Glockenblume* (Campanula punctata).

„Bei uns hier", sagte mir einer unserer enthusiastischsten Gärtnerfreunde, „haben die Leute keinen Garten, sondern nur den Schein davon. Die wollen es alle hübsch, bunt und chic, aber dafür keinen Finger krumm machen, das verstehe ich wirklich nicht! Der Sinn der Sache ist ja sich richtig auszuarbeiten, mit einem Ergebnis, das sich sehen lassen kann". Gemeinsam mit seiner Frau hat er nach ihren ersten Reisen zu den aufregenden englischen Gartenanlagen und deren hingebungsvollen Gärtnern bereits einen zweiten Garten erstehen lassen. Der erste, schon völlig zugepflanzte, dient als Wiener Sommerwohnung und der zweite, im Waldviertel, dem schweißtreibenden Wochenendvergnügen zweier leidenschaftlicher Gärtner. Hier entstand in nur ein paar Jahren eine vielfältige Anlage mit Kiesgärten, Teichen, Stauden- und Rosengärten auf einem Areal von etwa 3.000 Quadratmetern hinter einem unscheinbaren Waldviertler

Bauernhaus. Wege wurden angelegt, Trockenmauern aufgeschichtet und Unmengen besonderer Pflanzen gesetzt, die jeden Menschen zum Staunen bringen. Und das ist vielleicht der wichtigste Unterschied zwischen einem Garten, der ohne viel Aufwand gepflegt aussehen soll und den Gärten der passionierten Gärtner. Da ist „pflegeleicht" kaum ein Thema, denn Unkraut jäten, Stauden aufbinden, Rosen schneiden, Schnecken jagen, und so fort ist ja genau das, was die Freuden des wahren Gärtnerdaseins eben auch ausmacht!

Die Einzäunung des vorhandenen Beetes bekam eine Ergänzung durch eiserne Bögen, von Rankrosen und verschiedenen kleinblütigen Clematis geschmückt. Die sommerliche Blütenpracht verlockt auch unsere malende Tochter Natascha den Liebreiz der weißen Beete in ein Kunstwerk zu verwandeln.

Die im Garten verteilten Gefäße mit Sommerblumen (hier die kleine Petunie „Million Bells") müssen im Hochsommer täglich mehrmals gegossen werden, dafür danken sie es mit üppigster Blütenfülle die ganze Saison lang.

Biologisch & naturnah

DIE BASIS

Wahrscheinlich hätte ich mein Gemüse sogar im teuersten Bioladen günstiger einkaufen können, als selbst welches anzubauen, aber auf das wunderbare Vergnügen, eigene Zuckererbsen, Käferbohnen, Pariser Karotten (rund!), friaulanische Rüben (*Barba bietola rotonda di Chioggia*) oder ausgefallene Salatsorten wie die „Löwenzunge" und rotstängeligen Mangold (*Beta vulgaris, Var.* „Vulkan") anzubauen, wollte ich auf keinen Fall verzichten. Da war es von Anfang an ganz selbstverständlich, die Sache mit natürlichen Mitteln anzugehen. „Biologisch" heißt meine Devise, und zwar für den gesamten Garten. Denn wer käme schon auf den abwegigen Einfall, nur den Gemüsegarten mit Kompost, Hornspänen, Niempresskuchen und einer schützenden Mulchdecke zu versorgen, aber dem übrigen Garten, den Blumen, Gehölzen und Bäumen mit chemischen Bomben zu Leibe zu rücken? „Naturnah" bedeutet schließlich nichts anderes, als seinen Garten nahe an dem Vorbild der Natur zu gestalten und ihm auch die

Aufmerksamkeit der Natur zukommen zu lassen. Also keine ungepflegte Wildnis, sondern flächige und vielfältige Bepflanzungen mit direktem Bezug zu der angrenzenden Umgebung.

Auf diesen zwei Beinen steht sie eisern, meine persönliche Gärtnerphilosophie. Als ich zu gärtnern anfing, hatte ich nur eine sehr blasse Ahnung, wie das geht. Meine theoretischen Zugänge stammten aus einem Buchtipp einer in der Steiermark gärtnernden Freundin, dem wunderbaren Buch von John Seymour „Selbstversorgung aus dem Garten“, der Bibel des organischen Gartenbaus für jedermann. Und ich, anfangs noch ohne eigenen Garten, las darin wie in einem Märchenbuch. Von

Auf der gegenüberliegenden Seite dienen Haselruten als Stützen für die Erbsen, die in Nachbarschaft zum Fenchel gut gedeihen. Die aufgeschütteten Steine rund um den Gemüsegarten bilden einen schützenden kleinen Wall und speichern die Wärme.

Unten links begibt sich Simone gerade zur Fisolenernte (= grüne Bohnen), die alten Blumentöpfe auf dem Zaun sind eigentlich nur Sommerdekoration, doch die nützlichen Ohrenschlüpfer fühlen sich in ihnen auch wohl. Unten rechts freuen sich die Gurken über das nette Klettergerüst, das die Pflanzen vor Fäulnis bewahrt und für mehr Ertrag sorgt.

Je eine Reihe Schnittlauch (Allium schoenprasum) *bildet die Einfassung in den Beeten links und rechts vom Kiesweg. Manchmal lasse ich ihn auch blühen, die kugeligen rosa Blüten sehen sehr attraktiv aus und nach dem Zurückschneiden der durch die Blüte hart gewordenen Stängel wächst das aromatische Kraut wieder üppig nach. Daneben kommen die ersten Radieschen heraus und junge Salatpflänzchen komplettieren die Frühsommergenüsse.*

Der Großteil des Saatguts und der Jungpflanzen stammen aus dem nur zwei Kilometer entfernten Verein Arche Noah, einer in Österreich einmaligen Institution zur Erhaltung und Vermehrung des Kultursaatgutes. In diesen Schaugarten der besonderen Art pilgern jedes Jahr tausende Besucher um sich mit Kräutern, Blumen und Samen einzudecken.

Anleitungen zum richtigen Anlegen eines Gemüsegartens, von „Tiefkultur" und der Ökologie des Bodens oder Pflanzenvermehrung und Obstbaumveredelung. Dieses angelesene Grundlagenwissen hat mir beim ersten Garten schon sehr weitergeholfen. Als ich dann ein zweites Mal die Möglichkeit bekam in einem Garten ganz von vorne zu beginnen, wusste ich allerdings schon etwas genauer, was ich zu tun hatte und was ich selber wollte. Nämlich auf keinen Fall Chemie in den wunderbaren Boden schütten, der da zu meinen Füßen lag. Grub man in die schwarzbraune, lehmig-krümelige Erde, kamen einem gleich mindestens fünf Regenwürmer entgegen. Auch bei der Schädlingsbekämpfung habe ich kein Verständnis, wenn Perfektionisten zur Giftkeule greifen, um den „bösen Feind" möglichst schnell zu vernichten. Möglicherweise werde ich nicht ernst genommen, wenn ich behaupte, dass ein milderer Umgang mit Schnecken, Läusen und ähnlichem Getier auch weniger Ungeziefer in den Garten bringt, weil dadurch nämlich auch die Nützlinge geschont werden, die bei der Bekämpfung von Schädlingen sehr hilfreich sind. Was man darüber hinaus selber tun kann: Die Blattläuse erst einmal mit dem

Gartenschlauch wegspritzen oder die befallenen Pflanzen mit Seifenlauge duschen; unappetitliche spanische Nacktschnecken (sofern sie invasionsartig auftreten) blitzschnell entsorgen, denn Methoden wie Salz oder Schneckenkorn halte ich für barbarisch. Schneidet man das arme Vieh gleich mit Spaten oder Gartenschere in zwei Teile, sieht das zwar brutal aus, aber die Schneckenseele kommt wenigstens direkt in den Schneckenhimmel!

Wenn Rosen zu Sternrusstau neigen, habe ich inzwischen die Erfahrung gemacht, dass sie nach dem Auslichten von Verblühtem wieder frisch und fröhlich und ohne Befall austreiben. Und wenn – wie dieses Jahr durch die hohen Temperaturen schon im April und Mai – die Ramblerrosen so stark vom „echten" Mehltaupilz befallen werden, dass von vielen Knospen nur ein Teil aufblüht, muss man rasch die Zweige mit dem dichten weißlich-grauen Belag zurückschneiden und hinnehmen, dass die Blütenpracht in dieser Saison eben etwas geringer ausfällt. Was die Wühlmäuse anbelangt, entwickelte ich allmählich eine eher fatalistische Einstellung: Ich lernte, sie in meinem Waldgarten einfach

Mit der Kaffeetasse in der Hand wandere ich schon in der Früh durch den Garten, um zu sehen, welche Arbeiten aktuell in Angriff genommen werden sollten. Und um den morgendlichen Tau, der auf den Pflanzen glitzert, zu genießen. Das Beet hinter mir habe ich um einen Felsbrocken angelegt, der dort aus der Erde ragt und so groß ist, dass er nicht herauszukriegen war.

Das bunte Durcheinander im Vordergrund steht im Gegensatz zum gezähmten Rosenbogen dahinter. Eine ausladende Rose „Dentelle de Malines" streckt ihre langen Zweige in Richtung Rankgerüst. Davor bildet die Pantherlilie (Lilium pardalinum) *zusammen mit Gewürzfenchel* (Foeniculum vulgare) *und quirligem Salbei* (Salvia verticillata *„Purple Rain"*) *eine duftige Einheit.*

Die Flammenblume (Phlox) *ist mein erklärter Sommerliebling, gefolgt von Ananasminze* (Mentha suaveolens *„Variegata"*) *mit rosa Zierlauch* (Allium cernuum). *Dicke Knospen hat der Zierrhabarber* (Rheum), *im Gegensatz zu der anmutigen Wiesenraute* (Thalictrum delavayi) *mit zarten Blütchen.*

zu akzeptieren, so wie die Rehe, die häufig ungebeten zu Besuch kommen. Denn bringt man eine oder zwei Schermäuse mit Fallen oder Giftköder um, kann man sicher sein, dass mindestens fünf nachwandern. Also ließ ich mich von Manfred Lucenz und Klaus Bender („Ein Garten fürs Leben", fotografiert von Jürgen Becker) anregen und pflanzte einen großen Teil der Tulpen in Plastiktöpfe, die im Erdreich versenkt wurden, sodass die Mäuse von oben nicht hineinkommen. Ansonsten trample ich auf ihren Gangspuren herum oder werfe Glasscherben in ihre Löcher – in diesem Jahr scheinen sie die Warnung verstanden zu haben oder es herrscht auch unterirdisch die große Dürre und sie sind in feuchtere Regionen abgewandert.

Ambivalenter verhält es sich bei den Rehen, denn es entbehrt natürlich nicht einer gewissen Romantik, wenn die Tiere im Abendlicht im Garten stehen und genüsslich an den Rosenknospen äsen. Doch bei diesem Anblick verlässt mich meine Gelassenheit blitzartig. Da hilft nur, laut rufend und in die Hände klatschend die schönen Tiere aus

Der „Ur-Gemüsegarten" im Sommer (oben links) und die heutige, ordentlichere Form beim Frühlingserwachen (oben rechts).

Damit die Rosen jedes Jahr ihre Fülle entfalten können, werden sie mit abgelagertem Pferdemist gedüngt, im Winter angehäufelt und fest eingepackt. Auf dem Bogen ein namenloser, rosaroter Rambler; vorne die englische Rose „Willam Morris" in zartem Apricot mit der unverwüstlichen „The Fairy".

meinem Garten zu verjagen. Natürlich wäre es sinnvoll, den Garten zu umzäunen, aber bei fast 5.000 Quadratmetern mit Waldgrenze war uns das bislang zu aufwendig. Also zäunen wir frisch gesetzte Rosensträucher mit Hasengitter ein, auch wenn ich das optisch nicht sehr ansprechend finde. Aber schließlich sehen auch völlig abgeknabberte Rosenknospen nicht sehr hübsch aus ...

Doch jeder Nachteil hat auch seinen Vorteil, gerade die absolute Naturlage des Gartens mitten im Wald macht den Zauber aus, der diesem Platz innewohnt. Hier ist die Natur noch mit sich im Einklang und musste nicht künstlich hereingebracht und aufrechterhalten werden. Da gehören auch die Rehe zum natürlichen Umfeld und die kleinen Schäden sind allemal zu verkraften.

Im rückwärtigen, wild belassenen Teil des Gartens hat sich unterhalb des Brunnens eine moorige Feuchtwiese etabliert, dort wachsen im Frühling wilde Dotterblumen, Pestwurz und Buschwindröschen und im Sommer habe ich beim Brunnen schon wilde Sterndolden (*Astrantia major*) entdeckt. Auf der steilen Wildwiese oberhalb des kleinen Steinabbruches zeigen sich im Frühsommer die raren, ästigen Graslilien und wilde Himbeeren bedecken einen kleinen Abhang. Brennnesseln und Disteln locken Schmetterlinge an, vom nahen Kronsegger Stausee kommen im Sommer grün- und blauschimmernde

Im Vordergrund dieses Beetes wächst am Rand buntlaubiger (Salvia officinalis *„Tricolor"*) *und großlaubiger Salbei* (Salvia officinalis *„Berggarten"*). *Die Flechtelemente sowie (auf der Wiese dahinter) eine Kunstinstallation sorgen hier für Abwechslung: auf Obstkisten gesprayte Erdbeeren von Alexander Popper.*

Libellen angeschwirrt, von der zwitschernden Vogelschar, die täglich Konzerte gibt, ganz zu schweigen. Igel hausen im Unterholz, Erdkröten halten die Beete frei von störenden Schädlingen und in diesem trockenen Sommer raschelt es häufig in den Büschen, wenn sich die scheuen Eidechsen beim Näherkommen der Menschen schnell verstecken. In sternenübersäten Nächten hört man aus dem Wald die getragenen Rufe des Käuzchens. So ein Umfeld würde ich immer ausschließlich „naturnah" bepflanzen, nur rund um das Haus darf es etwas „förmlicher" sein, aber auch in dem bereits vorhandenen „Vorhausbeet" wuchert es im Laufe des Gartenjahres richtig wild. Und da Mutter Natur essbare Kräuter auch zwischen Wiesenblumen und vor Gehölzen wachsen lässt, bin ich vor einiger Zeit dazu übergegangen, einige Küchenkräuter wie Salbei (*Salvia officinalis*), Ysop (*Hyssopus officinalis*) oder Pimpinelle (*Sanguisorba minor*) einfach in die Blumenbeete zu setzen. Zwischen Rosen, Storchschnabel, Pfingstrosen und Lilien duftet es jetzt recht würzig und die hübsche, grün-weiß panaschierte Ananas-Minze (*Mentha suaveolens* „Variegata") lockert die Beetbepflanzung auch farblich auf. Nur wenn gärtnerisch nicht so versierte Hobbyköche zu Besuch sind, höre ich manchmal Fragen wie „... und wo finde ich hier Salbei?". Direkt unter den Rosen! Zwar wirkt das nicht so übersichtlich wie beispielsweise in einer Kräuterspirale, dafür sieht es originell und hübsch aus. Einige Küchenkräuter wie Basilikum und Rosmarin werden in unserer Küche so häufig verwendet, dass sie gleich in Töpfen vor dem Haus wachsen, mundgerecht, sozusagen.

Dem vielen Grün rundherum muss mit sommerlichen Farborgien begegnet werden. Gelb und Orange sind meine Favoriten im Hochsommer. Taglilien (Hemeroncalis) *hinter den eindrucksvollen Blättern des Kreuzkrauts* (Ligularia veitchiana) *wetteifern mit den Ringelblumen* (Calendula) *im Gemüsegarten.*

Einen beträchtlichen Teil meiner Gartenbibliothek nehmen die Ratgeber über richtiges Kompostieren ein. Das heißt aber noch lange nicht, dass ich mit meinen eigenen Kompostversuchen von Anfang an wirklich zufrieden war. Das hat anfangs der „Wochenendstress" verhindert. Denn wenn man, wie ich, nicht das ganze Jahr über beim Garten wohnt, können neben Rasen- und Strauchschnitt nicht auch noch regelmäßig die wertvollen Küchenabfälle gezielt auf den Komposthaufen wandern. Im Laufe der Zeit ist aber mein gärtnerischer Ehrgeiz doch erwacht und durch die längeren Sommeraufenthalte wurde aus einem zuerst eher schlampigen Haufen unter Erlen und Ulmen letztendlich doch noch eine richtige Kompost-Miete für das „schwarze Gold des

Gärtners". Als ich zum ersten Mal meine erste ausgereifte, duftende Komposterde auf die Beete aufbringen durfte, habe ich mich wirklich von Herzen gefreut! Doch der Kompost ist noch die einfachere Übung für den Naturgärtner. Ich übe mich in Ehrlichkeit und gebe zu, dass ich mich zur Herstellung von Kräuterjauchen in dieser Saison noch nicht überwinden konnte. Dabei weiß ich aus jahrelanger Erfahrung, dass besonders die Starkzehrer unter dem Sommergemüse – wie Tomaten, Gurken und Zucchini – sich über solche Stärkungen freuen und es mit reicher Ernte danken. Aber es ist doch eine

Bauerngartenromantik gehört einfach in jeden ländlichen Naturgarten. Traditionell verwendete Pflanzen wie Sonnenhut (Rudbeckia), *die vielfältigen Taglilien* (Hemerocalis) *und die unentbehrliche Flammenblume* (Phlox) *setzten Highlights zwischen späten Rosen und frühen Astern. Im Gegensatz zu formalen Pflanzungen mit exakt durchdachter Planung breiten sich die Blütenstauden im naturnahen Garten nach Belieben aus, auch manche „Wildkräuter" werden toleriert, wenn sie sich in Grenzen halten.*

Phlox bevorzugt feuchte Sommer und nährstoffreiche, frische Böden. Das Salzkammergut wäre wahrscheinlich ein idealerer Standort für die beliebte Sommer- und Frühherbststaude als mein Garten in unserem eher niederschlagsarmen Gebiet zwischen Langenlois und Gföhl.

Eine ausgewogene Mischung aus mehrjährigen Stauden und einjährigen Sommerblumen zeichnet den ländlichen Garten aus. Phlox in verschiedenen Farben, Astern, Stockrosen und die imposanten Sonnenblumen beleben das Umfeld auf natürliche Art.

aufwendige Prozedur und dieses Jahr hatte ich einfach noch keine Zeit dafür. Da macht einem der unregelmäßige Rhythmus der Wochenendgärtnerei manchmal eben einen Strich durch die Rechnung. Erfreulicherweise ignoriert der Garten jedoch meinen selbstgemachten Stress und ist nachsichtig mit seiner Gärtnerin. Für mich ist es gerade die Abfolge von An- und Entspannung, von Liebe und Pflicht, die ein erfülltes Leben ausmacht. Das war mir schon als ganz junge Frau bewusst – und der Garten mit all seinen Facetten hat mich in dieser Lebenshaltung voll bestätigt! Auch wenn manchmal der Rücken schmerzt vom intensiven Unkraut zupfen (obwohl ich einen Schemel zum Sitzen und auch eine langstielige Harke verwende!) und wenn ich mich auch zu einigen Arbeiten überwinden muss – die Ruhe und der innere Frieden, die durch Gartenarbeiten ausgelöst werden, ist unübertroffen.

Jeder unserer Gemüsegärten wurde mit einem schützenden Zaun umgeben. Der erste wurde einfach nur mit Holzstangen und kreuz und quer gespannten Schnüren vor dem gefräßigen Wild bewahrt. Und jedes Jahr wurde das „Gartl" um einige Beete vergrößert. In meinem jetzigen Gartenreich habe ich erst lange hin und her überlegt, wo der Gemüsegarten hinpassen könnte. Vor dem Haus auf der großen Wiese wäre aufgrund des Sonneneinfalls wahrscheinlich der ideale Platz gewesen, die Lage hat mir aber für diesen Zweck gar nicht gefallen. Nach einiger Zeit war mir klar: Hinter dem Haus, auf der kleinen Anhöhe – dort war der richtige Ort. „Aber das ist doch auf

Im Laufe der Jahre und durch die Jahreszeiten haben sich die Beete oft verändert, aber immer ihren naturnahen Liebreiz behalten. Im Frühsommer wetteiferten gefüllte Clematis („Multiblue") *am Klettergerüst mit kugeligem Riesenlauch* (Allium giganteum).

der Nordseite", wandte die Nachbarin ein. „Ja schon", entgegnete ich, „aber oben, in der Höhe, da kommt den ganzen Tag die Sonne hin und geschützt liegt er auch, der Garten!" Und zur leichten Verwunderung der Anrainer wurde unser „Gartl" nicht als traditionelles Rechteck, sondern als Kreis angelegt. Der simple Grund war, dass ich dadurch mir selbst und meinem Drang zum Erweitern der Gemüsebeete einfach einen Riegel vorschieben wollte. Trotz häufiger, sonntäglicher Gäste wäre die Salatflut doch des Guten zuviel geworden. Außerdem passte die Kreisform ganz wunderbar in die vorgegebene Landschaft mit dem Apfelbaum rechts daneben und dem Steilhang dahinter.

Ursprünglich wünschte sich unsere Tochter an diesem Platz einen mystischen Steinkreis, doch ich wollte gerade dort das Gemüsegärtchen haben. Beim Ausheben der dafür vorgesehenen Fläche wurden so viele Steine in allen Größen aus dem Erdreich gebuddelt, dass zuerst einmal wirklich ein Steinkreis entstand. Nun habe ich also eine Art meditativen Nutzgarten. Bei näherer Betrachtung erweisen sich Harken, Jäten, Auszupfen und neu Aussäen als durchaus kontemplative Tätigkeiten, ganz im Geist des Zen!

Was mich vor allem an den naturnahen Pflanzungen bezaubert, ist nicht nur die Blütenvielfalt, sondern auch die Variationsbreite an verschiedenen Blattformen, Farben und Strukturen, auf die ich immer größeren Wert lege und die für mich die Seele einer natürlichen Bepflanzung sind.

Wunsch & Realität

DIE GESTALTUNG

„Jedem Garten liegt eine philosophische Aussage über das Verhältnis von Kunst und Kontrolle auf der einen und Natur und Wildnis auf der anderen Seite zu Grunde. Die erfolgreichsten Gärten in den einzelnen Stilepochen waren jene, die die Balance zwischen diesen beiden Seiten hielten und die dem Zeitgeist am nächsten kamen ..."

Noël Kingsbury in der Einführung zu „Neues Gartendesign mit Stauden und Gräsern" – Piet Oudolf mit Noël Kingsbury.

Von solch einfühlsamen Betrachtungen noch so gut wie unberührt, begann ich im Sommer 1998 voll Freude damit, meinen eigenen gärtnerischen Ambitionen Gestalt zu verleihen. Im Jahr davor hatte ich auf einer Gartenreise nach Holland die Gärtnerei von Anja und Gartendesigner Piet Oudolf bei Hummelo besucht und schon bei den ersten Schritten in den Oudolfschen Anlagen machte mein Gärtnerherz begeisterte Sprünge. Denn abgesehen von der fantastischen Auswahl von Pflanzen, die meinem

Kleine Zaunelemente bilden den natürlichen Rahmen für das lange Schattenbeet unter den Apfelbäumen und ein zartes Rankgerüst des Salzburger Floristen Thomas Vitzthum macht sich gut zwischen Frühlingsblühern wie wilden Vergissmeinnicht, Tulpen, Farnen und dem hohen Salomonssiegel (Polygonatum biflorum *„Giganteum"*).

Die Vorliebe für paarweise Anordnungen zieht sich von den Eingangsbeeten, wo ich versucht habe, auf beiden Seite die gleiche Bepflanzung durchzuziehen (gelingt nicht immer, da eines der Beete etwas schattiger liegt!), bis zu diesen netten Körben, die eigentlich für Windlichter gedacht waren und die ich günstig auf einem Gärtnerei-Flohmarkt erstanden habe. Nur die große, aus Indien stammende, grasgrüne Glaskugel am Rosenbogen hat bis jetzt noch kein Pendant gefunden.

naturorientierten Geschmack vollkommen entsprachen, war es auch die Art und Weise, wie hier mit dem Thema Gartengestaltung umgegangen wurde, die mich beeindruckte. Das Verkaufssortiment stand zu Gruppen gefasst wie in Beetanlagen zwischen zu viereckigen Säulen formgeschnittenen Zierbirnen (*Phyrus salicifolia*), die ich in meiner damaligen Gehölz-Unkenntnis für Ölweiden (*Elaeagnus*) hielt. Als Abgrenzung zu den umliegenden Wiesen, mit den in Holland allgegenwärtigen gefleckten Kühen, zog sich ein Band von verschiedenen Hecken in unterschiedlichen Schnittformen, teilweise mit Ausgucklöchern (auf die Kühe!), um diese inspirierende Gärtnerei herum. Der Rundgang durch den Privatgarten der Oudolfs (damals schon ein weltberühmter Schaugarten) mit seiner ausgesuchten Staudenvielfalt, umrahmt von wellig geschnittenen Eiben- und Buchshecken, ließ mich endgültig in Euphorie verfallen.

In meinem eigenen Stückchen Grün begann ich also, Schritt für Schritt und ohne vorgegebenes Konzept einen Garten anzulegen. Heute, nach neunjähriger Erfahrung, würde ich es vielleicht etwas anders angehen, mich aber wieder primär auf mein Gefühl und meine spontanen Einfälle verlassen. Für mich muss ein Garten aus dem Augenblick heraus entstehen.

Natürlich habe ich im Laufe der Jahre auch „Fehler" gemacht, doch selbst diese möchte ich nicht missen. So habe ich zum Beispiel die hübsche Moosrose „Le Chapeaux de Napoleon" mit blassrosa (!) blühendem Lavendel unterpflanzt. Der blüht aber immer erst völlig auf, nachdem die letzte der intensiv duftenden Rosen gerade verblüht ist. Außerdem ist es vielleicht gar nicht so ratsam, Lavendelbüsche so nahe an die Rosen zu setzen, haben die beiden doch eigentlich sehr unterschiedliche Bodenansprüche. Der Lavendel braucht zum Beispiel deutlich weniger Wassergaben als die Rose. Trotzdem gefällt mir der graulaubige Lavendelkranz rund um den Rosenstock, aber wiederholen würde ich diese Kombination nicht mehr.

Schon im Frühling leuchten in verschiedenen Weißtönen Tulpen und Narzissen aus den „Begrüßungsbeeten", nur manchmal verirrt sich etwas Hellblau von wild aufgegangenen Vergissmeinnicht dazu.

Obwohl ich über die Jahre eine umfangreiche Gartenbibliothek angehäuft habe, bin ich davon überzeugt, dass man das Wesentliche beim Gärtnern durch Beobachtung und Erfahrung lernt, und nicht aus Büchern. Vom fundierten Wissen und der großen Erfahrung meiner Lieblingsautoren (von John Seymour, Marie-Luise Kreuter, Jürgen Dahl, Friedolin Wagner bis Beth Chatto, Christopher Lloyd, Monty Don, Piet Oucolf und Henk Gerritsen, die Liste ließe sich endlos fortsetzen!) konnte ich zwar profitieren. Das heißt aber nicht, dass man die Beschreibungen und Ratschläge, die oft aus Gartenländern wie England, Frankreich oder Holland stammen, eins zu eins umsetzen sollte. Denn das Gartenleben in diesen Ländern wird durch zum Teil völlig andere klimatische Bedingungen, ganz

andere Landschafts- und Hausformen geprägt. Manchmal findet man in älteren Gartenbüchern auch Bemerkungen, die der heutigen Realität nicht mehr entsprechen. Ein bekannter Gartenbuchautor beklagte sich 1988 bei der Beschreibung von Cottagegärten über die Einfallslosigkeit ländlicher Gärtnereien – und das in England! Inzwischen hat sich die Situation dank innovativer Gartendesigner, Gärtner und Züchter in Holland, England, Schweden, Deutschland und Amerika jedoch so grundlegend geändert, dass sogar in Österreich seit einigen Jahren eine breite Palette unkonventione ler, bisher wenig verwendeter Pflanzen für naturnahe Gestaltung kultiviert wird, die erstaunlicherweise nicht nur in Spezial-Gärtnereien zu bekommen ist, sondern in fast allen größeren Gärtnereien. Die große Flut der wichtigen

Vom Frühsommer bis in den Herbst entfalten die unterschiedlichsten „Alba-Sorten" von bekannten Pflanzen ihre ganze Pracht. Hinter der Schneeballhortensie „Annabelle" schauen kleinblütige, weiße Schafgarbe (Achillea millefolium) *und eine weißblühende Katzenminze* (Nepeta racemosa *„Snowflake"*) *hervor.*

Überall im Garten finden sich Fund- und Sammelstücke – Geschenke und Mitbringsel von Freunden und Besuchern – wie dieser Gartenzwerg, neu gegossen aus einer altertümlichen Form, der ein steinernes Töpfchen bewacht; hängende Kugeln in Silber und Gold aus Indien, die in den Obstbäumen oder auf langen Eisenstangen schimmernde Akzente setzen. Abwurfstangen neben Muscheltöpfen und einer alten Blechbüchse bilden ein sommerliches Arrangement und rostige Eisenstangen und ein Gartenlicht machen sich als Pflanzenstützen nützlich.

Gartenbücher, die monatlichen Magazine aus Deutschland, England, Frankreich und den USA und natürlich auch Gartenreisen ins In- und Ausland erweitern zweifellos den gärtnerischen Horizont. So manche geniale Gestaltungsidee bleibt im Gedächtnis und irgendwann – angepasst an die eigenen Möglichkeiten – setzt man sie dann um.

Da ich von Anfang an vorhatte, einen privaten Garten entstehen zu lassen, also keinen öffentlich zugänglichen Schaugarten oder ähnliches, war mein Zugang eher spielerisch, und ich richtete mich nach den vorgegebenen Strukturen. Alte Apfelbäume standen am Rande des Grundstücks und verschwanden teilweise in einer verwilderten, ungeliebten Fichtenhecke, die jedoch die Häuser auf der anderen Straßenseite verbarg. Eine kleine Gehölzgruppe, hauptsächlich aus weißem Flieder bestehend, ließ einen kleinen Holzschuppen dahinter verschwinden. Und direkt vor dem Haus lag ursprünglich ziemlich dominierend ein großes, von einer Betoneinfassung und einem Holzzaun umgebenes Beet, das wahrscheinlich früher dem Gemüseanbau gedient hatte. Es war völlig von Wildkräutern überwuchert, die ich als erstes so gründlich wie nur möglich ausputzte um dann große Mengen Sommerblumen zu pflanzen, damit ich in diesem ersten Baustellen-Sommer wenigstens die Andeutung eines Blumengartens hatte.

Immer wieder ändert der Garten sein Gesicht, das bewirkt nicht nur die jahreszeitlich angepasste Bepflanzung, sondern auch die immer wieder wechselnde Dekoration. Jedes Jahr werden die über den Winter verräumten Ziergegenstände anders platziert und es kommen auch jährlich neue dazu. Das (im großen Bild links) mit Pelargonien bepflanzte Hängekörbchen ist genauso Vergangenheit wie der mit Wasser für die Vögel gefüllte, langstielige Glaskelch von Alois Hechl. Doch in dem gemütlichen Sitz-Körbchen (oben) verbringe ich auch in diesem Sommer meine Lesestunden. Und aus jeder Ecke leuchten im Spätsommer die Kapuzinerkressen (Tropaeolum).

Die meisten Beete (ausgenommen das lange, durch einen kleinen Kiesweg geteilte, das in den Sitzplatz mündet) habe ich über die Jahre hindurch in weichen Formen aus der Wiese gestochen und sie dann in weiterer Folge immer wieder etwas vergrößert. Die Pflanzen habe ich nicht nur nach meinem Geschmack, sondern immer auch nach Standortverträglichkeit angeschafft und manchmal auch wieder umgesetzt. Mit der Zeit hat es sich immer öfter ergeben, dass mir nur mehr solche Gewächse gefielen, die sich im Garten auch wohlfühlen. Mit dem allmählich auch in unseren Breiten spürbar werdenden Klimawandel ändert sich jedoch einiges. Unser Garten liegt in einem Mischwald in einer Senke, auf einer Seite von dem kleinen, regenabhängigen „Josefibach" begrenzt; und auch im Hochsommer hielt sich die Feuchtigkeit normalerweise recht gut. Also setzte ich Pflanzen für Schatten und Halbschatten an, wie Prachtspieren (*Astilben*), Tafelblatt (*Astilboides tabularis*), Salomonssiegel (*Polygonatum*), Funkien (*Hosta*) und verschiedene Storchschnäbel (*Geranium*) mit Maiglöcken (*Convallaria*), Kaukasus-Vergissmeinnicht (*Brunnera*) und verschiedenen Fingerhüten (*Digitalis*) unter die Apfelbäume, die auch jahrelang üppig gediehen. Doch in diesem Jahr war schon der Winter ungewöhnlich trocken, April und Mai waren heiß, und im Hochsommer erreichten die Temperaturen gar „sizilianische" 38 Grad! Meine Schattenpflanzen führten ein Schattendasein – und verdorrten geradezu, trotz täglichem, mehrmaligem Gießen. Aber so ist es, das Gärtnerleben, einmal zu trocken, dann wieder zu nass und in extremen

Das „Clematisfieber“ befällt nicht die Pflanzen, sondern die Gärtnerin! Die unwahrscheinlich große Vielfalt der Waldreben, von denen es viele mehr als nur die kletternden Arten und die bekannten, großblumigen Sorten gibt, bietet in allen Gartenbereichen verschiedenste Gestaltungsmöglichkeiten. Eine gefüllt blühende italienischen Waldrebe (Clematis Viticella *„Purpurea elegans“*) *erobert hier (großes Bild) die Rosenbögen. Und die vormals kahle Mauer unter den Kletterrosen wird erfolgreich von einer Kombination von „Prince Charles“, einer üppig blühenden, blassblauen Viticella-Hybride, und der staudig wachsenden „Aljonushka“ überdeckt. Im Bild darunter mischen sich die herzförmigen Blätter einer Prunkwinde mit* Clematis Viticella *„Polish spirit“.*

Ausnahmesituationen frage ich mich manchmal schon, was mich antreibt, morgens um halb sieben frisch und munter in den Garten zu laufen und als erstes mein junges Gemüse zu wässern und zu harken. Kann ich es nicht, wie andere Leute auch, einfach im Supermarkt kaufen? Doch dann bin ich wieder stolz darauf, auch unter erschwerten Bedingungen frischen Schnittlauch, aromatischen Knoblauch und eigene Zwiebel, zarte Zucchini und alle paar Wochen frische Salate ernten zu können. Auch die veränderten Lebensumstände, die im letzten Jahr eintraten und auf die ich später noch näher eingehen werde, konnten mir die Freude an der eigenen Ernte nicht nehmen.

Auf Seite 60 sieht man zu Füßen des Erlenbogens zwei alte Kupferkübel, mit kugelig gezogenem Efeu bepflanzt. Leider sind diese aparten Efeukugeln schon wieder Geschichte, denn sie haben den strengen Winter 2005/06 in ihrem Metalltrog ohne zusätzliche Bewässerung nicht überstanden. Aber – Flexibilität ist des Gärtners Stärke – im Frühling habe ich dann kleine Buchsbäumchen in die Tröge gepflanzt, die halten Kälte und auch Trockenheit besser aus und sehen obendrein immer hübsch aus.

Mein Credo bei der Gartengestaltung ist leicht erklärt: Generell sind mir die einfachen, zum Garten passenden Stilmittel der praktischen Art, die uns im Laufe der Jahre immer wieder „zugefallen“ sind, die liebsten: Ich gestalte zum Beispiel Beeteinfassungen aus „hinkelsteinartigen“ großen Kieseln, gefunden im Flussbett des Kamp, und fertigen Zaunelementen aus geflochtenen

Haselruten. Steine, Äste, alte und neue Stützen aus rostigen Eisenteilen, dazu Zinkblechkübel und Holztröge passen bestens in das „natürliche“ Ambiente des Gartens. Elegantes Gartenmobiliar wäre in diesem Garten eher fehl am Platz. Aus Gastgärten ausrangierte Biergartenstühle, beim Trödler erstanden oder von Freunden geschenkt bekommen, machen sich in dem absichtlich einfach gehaltenen Umfeld besonders gut. Die landauf, landab präsenten behäbigen Gartenmöbel aus Teakholz passen meiner Meinung nach besser in einen Landschaftsgarten im englischen Stil als in meinen „unordentlichen“ Naturgarten. Abgesehen davon habe ich ein Faible für den sogenannten „Shabby Chic“, egal ob das gerade im Trend liegt oder nicht! Wenn schon neu, dann bevorzuge ich französische Eisenmöbel, die haben in Österreich auch mehr Tradition.

Manchmal kommt die Natur dem eigenen Gestaltungsdrang entgegen: Im Randbereich unseres Gartens wuchsen zwei junge Erlen, die eine Art Eingang bildeten. Einer spontanen Laune folgend, haben wir die Jungbäume miteinander zu einem Bogen verbunden, in den ich zusätzlich noch einen rund gebogenen, dünnen Eisenstab steckte, um dem Ganzen mehr Halt zu geben. Dadurch entstand zwischen dem Schuppen am Rande des Grundstücks und einer Gruppe von Flieder- und Pfeifensträuchern ein Durchgang zum kleinen Sitzplatz beim Schattenbeet, ein bewusster Zugang zu einem anderen Gartenteil. Alle diese Gestaltungselemente entstanden eher beiläufig und durchaus unter dem Aspekt, dass der

Schatten verlangt nach Lichtpunkten: die goldgelben Kerzen des Greiskrauts (Ligularia) *bringen Farbe ins dunkle Grün, wie auch die blauen Glocken der wilden Wiesenglockenblume* (Campanula), *die hier eingewandert ist. Von oben leuchtet eine indische Glaskugel aus dem Geäst und weiter hinten trägt ein mit rosa Sommerblumen gefülltes „Hanging basket“ zum Gesamtbild bei.*

Kaum wegzudenken aus dem Garten sind die extravaganten Sandsteingefäße von Anna Schalk. Hier wurde eine aufgeplatzte Steinfrucht mit einer zwergigen, hellblauen Form der Glockenblume (Campanula) *bepflanzt. Alpine oder Steingartenpflanzen sind am besten für diese kleinen Tröge geeignet, die mit ihrem Zauber immer besondere Plätze finden.*

Garten nur auf Zeit bewirtschaftet werden kann, in eigenen Grund und Boden hätten wir sicher anders investiert. So hätten wir zum Beispiel im Eingangsbereich (siehe Bild auf Seite 72/73), der von zwei weiß blühenden, kurvigen Beeten flankiert wird, unter anderen Umständen sicher einen befestigten Weg aus Sandsteinplatten, Pflastersteinen oder dergleichen angelegt. Stattdessen liegt nur etwas Kies in der Zufahrt, was zwar nicht besonders ordentlich aussieht, jedoch gut zum Gesamteindruck des Ensembles passt. Auch die Treppe, die hinter dem Haus zum Gemüsegarten führt, wurde nur mit alten Balken im Erdreich befestigt, mit Rollschotter belegt und die Randbeete, von altmodischem Riesensteinbrech (*Bergeniea*) gesäumt, mit großen Holzscheiten von der letzten Baumschlägerung zur Wiese hin abgegrenzt.

Nur was die Pflanzen selbst betraf, war ich zu keinen Kompromisslösungen bereit. Durch meine berufliche Beschäftigung mit Gartenthemen besuche ich vom Frühling bis in den Herbst die interessantesten Gärtnereien in Wien und Niederösterreich und dadurch bin ich ständig versucht, neue Pflanzen einzukaufen. Auch das war einer der Gründe, warum sich so etwas wie geplantes, durchdachtes Gartendesign bei mir nicht durchsetzen konnte. Über die Jahre hinweg kam ich also dauernd mit reicher Beute in den Garten – mit Einjährigen, Zweijährigen, Zwiebelpflanzen, Blütenstauden, Gehölzen, Bäumen und Kübelexoten. Erst dann begann ich zu entscheiden,

Obwohl man ihnen langsames Wachstum nachsagt, sind Buchsbäume (Buxus) *immer eine gestalterische Bereicherung; nicht nur zur Begrenzung. Die Kugeln können als interessante Gruppierungen durchaus auch mitten in der Wiese (wie hier als „Buchsachse") für eine Auflockerung des Gartenbildes sorgen. Wenn man die anspruchslosen Gehölze zweimal pro Saison (ab Mitte Mai bis Mitte August) kurz schert, behalten sie die gewünschte Fasson.*

Die bemooste Betoneinfassung des Frontbeets dient das ganze Jahr über als Galerie für Hauswurz & Co. Alte Backformen, Kochtöpfe und sogar ein Holzscheit wurden mit verschiedenen genügsamen Steingartenpflanzen bestückt, die unbedingt im Freien überwintern müssen.

was wo sein Plätzchen finden könnte und nicht umgekehrt, wie es perfekte Gartenplaner raten. Von befreundeten Gartenarchitekten, die uns und den Garten besuchten, bekam ich häufig zu hören: „So eine persönliche Spielwiese, wo sich ständig etwas ändert, kann man sich nur selbst anlegen!". Scheinbar werden sie von ihren Kunden, die sich Gärten wünschen wie aus dem Einrichtungskatalog, mit „pflegeleichten" Gestaltungswünschen konfrontiert. Der fantasievolle, lebendige, blühende Garten fordert jedoch seinen Tribut an Zuwendung und setzt ein gewisses Naturverständnis voraus. Und wen der Gartenvirus einmal befällt, der muss auch bereit sein zu

lernen und sich wirklich auf die Höhen und Niederungen des Gärtnerdaseins einlassen. Mit allen Erfolgserlebnissen und Rückschlägen, allen Freuden und Mühen, die es nun einmal mit sich bringt.

Zu Form und Inhalt bei der Gartengestaltung gehört auch der richtige Umgang mit dem Dekor. Reinen „Zierwert" haben bei mir nur die Rosenkugeln und vielleicht noch einige gesammelte Steine aus verschiedenen

Haus- oder Dachwurz (Sempervivum) *wachsen, wie schon der Name sagt, fast überall. Auf Mauern, Dachziegeln und natürlich in Annas Steinschöpfungen. Auch eine meiner ersten Kindheitserinnerungen, der „Peterg'stamm" oder Alpenaurikel* (Auricula), *fühlt sich in seinem Töpfchen sichtlich wohl.*

Für Abwechslung sorgen hier Stauden mit verschiedenen Blattformen, wie Frauenmantel (Alchemilla mollis), *silberblättrige Lichtnelken* (Lychnis), *Wollziest* (Stachys byzanthina), *Rosen, Phlox und staudige Clematis. Dazwischen streben rechts kugelig geschnittene Hochstamm-Roseneibisch-Bäumchen* (Hibiscus) *in die Höhe.*

Fluss- und Bachbetten, alles andere sollte auch einen praktischen Zweck erfüllen. Rankgerüste müssen zwar ein gefälliges Bild ergeben, dienen aber hauptsächlich dem Einsatz von vertikalen Elementen im Garten. Zum Beispiel meine eisernen Rosenbögen, die Bewegung und räumliche Trennung in die Beete bringen. Die könnten eigentlich auch nur aus einfachen Eisenstangen gefertigt werden, der kluge Mann, aus dessen Produktion sie stammen (Gerhard Horvath, siehe Anregungen & Tipps, Seite 172), verwendete aber zwei Stangen mit Stegen, die der ganzen Konstruktion mehr Halt verleihen. Außerdem lassen sich die Pflanzen so besser befestigen. Im großen Beet vor dem Haus sorgen zwei knorrige Klettergerüste für Aufwärtsbewegung und die eisernen Stützen für größere Rosenbüsche haben eine schnörkelig-barocke Form und sind dazu äußerst praktisch, da sie aus zwei halbrunden Teilen bestehen, die entweder separat verwendet oder zu einem Ganzen zusammengefügt werden können. Die ersten dieser aparten Stützen hat eine engagierte Rosenfreundin nach eigenem Entwurf in Ungarn anfertigen lassen, heute bekommt man sie bei Eden, Galerie für Haus & Garten in Wien (siehe Anregungen & Tipps, Seite 172). Die alten Rosen-Anzuchtstöpfe auf dem Zaun des Gemüsegartens halte ich in Ehren, sie stammen aus den 1970er Jahren und ich hatte sie beim Trödeln entdeckt, als ich noch häufiger auf der Suche nach interessanten Details war.

Es zahlt sich aus die Augen offen zu halten, denn auch etwas so Profanes wie den Nutzgarten sollte man mit Fantasie gestalten können. In der Mitte des mit aus der Erde geholten Steinen eingefassten Kreises platzierte ich wiederholend ein rundes, mit Ziegeln eingerahmtes Beet und legte einen Weg in Ziegelbreite rundherum an. Dann teilte ich die Beete wie in Tortenstücke auf und ließ jeweils dazwischen kleine Wege frei, die ich mit flachen Steinen befestigte. Der Eingangsweg wurde mit grobem Rollschotter ausgelegt und die Beete selbst konnte ich zwei Jahre später mit Biberschwanzziegeln einfassen, die von den Dächern des Stiftes Altenburg bei Horn (ungefähr ein halbe Stunde von uns entfernt) stammten. Dort wurden riesige Dachflächen neu gedeckt und die freundlichen Patres überließen mir so viele von den formschönen, alten Ziegeln, wie ich nur brauchte.

Fantasie & Eigenleben

DIE PFLANZEN

Schon im Frühling zeigen die weißen Beete ihr einheitliches Gesicht. Von weißen „Rauchfangkehrern", wie die Traubenhyazinthe (Muscari) *bei uns auch genannt wird, bis zu weißen Küchenschellen* (Pulsatilla vulgaris alba) *über Narzissen und weißblühendem Lungenkraut* (Pulmonaria officinalis *„Sissinghurst white"*) *(ohne Foto) strahlt alles in Weiß. Nur die frühe Seerosentulpe* (Tulipa kaufmanniana) *schmückt sich außen mit rot-gelben Bändern und zeigt beim Aufblühen ihren goldenen Schlund.*

Doch auch die Natur sendet, gleich neben dem Komposthaufen, erste Frühlingsgrüße: Da schauen jedes Jahr ganze Büschel von wilden Schneeglöckchen (Galanthus) *und Frühlingsknotenblumen/Märzenbechern* (Leucojum vernum) *aus der Wiese.*

Floras Kinder bezaubern nicht nur mit ihren fantastischen Farben, berauschenden Düften und einem unbeschreiblichen Formenreichtum, die zähen Exemplare unter ihnen haben auch die Fähigkeit, es sich an ungemütlichen Plätzen wie Wüsten, Steppen, Felsspalten oder Pflasterritzen gemütlich zu machen. Ganz leicht gelingt es auch den kleinsten und unscheinbarsten unter ihnen, das Gärtnerherz allein durch ihr Dasein höher schlagen zu lassen.

Habe ich eigentlich eine Lieblingspflanze? Eine einzige wohl kaum. Aber zu meinen absoluten Favoriten gehören aus Wildstauden hervorgegangene Züchtungen wie die zartrosa, cremeweißen oder tief dunkelroten Sterndolden (*Astrantia*), der Wiesenknopf (*Sanguisorba*) mit seinen roten Knöpfchen auf nickenden Stielen, die Wiesenrauten (*Thalictrum*) – filigrane Blättchen und winzige lila Blüten – und natürlich der vielfältige Storchschnabel (*Geranium*). Ich liebe den Phlox, und seit neuestem auch Gräser, Farne und Funkien. Bei letzteren sind es besonders die Austriebe im Frühling, wenn sie wie kleine Hütchen aus der frischen Erde ragen. Zu meinen besonderen Lieblingen zählen weiters: Clematis, Lilien, Pfingstrosen (nur die Staudenform, die imposanten Strauchpfingstrosen finde ich in meinem Garten unpassend). Und seit einigen Jahren bin auch ich – verrückt nach Rosen!

Schon die Natur selbst bringt abertausende Blütenformen und -farben hervor, dazu die unzähligen Hybriden, die Gärtner und Züchter in den letzen Jahrhunderten entwickelt haben, jährlich kommen neue Sorten auf den Markt. Zu allen Zeiten und in allen Kulturen haben sich Künstler und Handwerker von Floralem inspirieren lassen, wie arm wäre unsere Welt doch ohne Blumen!

Für mich stand von Anfang an fest, dass ich einen Blumengarten anlegen wollte. So etwas wie ein formaler, kleiner Park nur in Grün oder gar ein von Kies dominierter Zen-Garten hätten an dem Platz, der uns sozusagen vom Schicksal zugefallen war, wohl eher

lächerlich ausgesehen. Heute kann ich nicht mehr genau sagen, mit welchen Pflanzen ich meine gärtnerische Reise eigentlich begonnen hatte. Die alten Fotos zeigen schon im zweiten Jahr viele Narzissen, Tulpen und Kugellauch (*Allium*). Denn seit meinen allerersten Gartenerfahrungen lasse ich mir die Kataloge der Firma Albrecht Hoch („Seit 1893 Importeur von Pflanzenspezialitäten aus der ganzen Welt“) aus Berlin zusenden. Ganz besonders die im Herbst erscheinenden Zwiebelpflanzen-Kataloge

Wahrscheinlich kann man sich die Namen seiner Narzissen nur merken, wenn man Jahr für Jahr die Etiketten aufbewahrt. Das halte ich aber für übertrieben und habe deshalb namenlose Narzissen in Beet und Wiese. Ihre Schönheit spricht für sich selbst!

Auch bei den Tulpen ist die Vielfalt groß, aber so auffallende Sorten wie die Papageientulpen „Green Wave" (links oben und rechts unten) oder „Black Parrot" (oben Mitte) merkt man sich leicht. Die Viridiflora-Tulpen „Groenland" (links unten) und „Spring Green" (unten Mitte) sind an ihren grünen Streifen zu erkennen. Aber bei der herzig gefransten Crispa-Tulpe (oben rechts) kann ich nur mehr raten: „Lambada"?. Doch ich finde, der Name spielt nur eine Rolle, wenn man die gleichen Tulpen wieder pflanzen will – und dann sollte man eben ein Gartentagebuch führen. Wer sie nicht ausgräbt und über den Sommer trocken lagert, läuft Gefahr, sie an die Mäuse zu verlieren, manchmal verschwinden sie auch von alleine. Tulpenzwiebel setzen im Herbst ist ein Spiel, das nie langweilig wird. Schon lange wünsche ich mir allerdings einen funktionierenden Zwiebelsetzer mit Stiel, der sich im Stehen verwenden lässt!

waren hilfreich. Noch heute lasse ich mir, obwohl inzwischen vieles bei uns im Gartencenter zu bekommen ist, am liebsten viele verschiedene wundervolle Zwiebelchen, aus denen wahre Pflanzenwunder entstehen können, aus Berlin schicken. Und obwohl ich Blau meistens nur als Begleitfarbe verwende, war ich ganz begeistert von den blauen Prärielilien (*Camassia*), die ich auf diesem Wege kennenlernte. Sie blühen Mitte Mai, und ihre sternförmigen Blütchen bilden Blütenstände wie tiefblaue Kerzen. Sehr schön sind auch die „Fritillarien", von denen ich anfangs nur „Kaiserkronen" (*Fritillaria imperialis*) und die bei uns manchmal wild vorkommende Schachbrettblume (*Fritillaria meleagris*) kannte. Ich entdeckte Frühlingsglöckchen von grünlichgelb bis schokoladebraun, von denen einige meine Beete bevölkern, und natürlich auch Raritäten für den Kübel, wie meine Schopflilien (*Eucomis, bicolor* und *racemosa*), die in Töpfen im Keller überwintern. Eine Knolle, die sich ins Beet verirrt hatte, trieb tatsächlich aus und blüht dort seit zwei Jahren im Sommer! Die knospenden Blütenkerzen sehen ein bisschen wie die Ananasfrucht aus, ziehen im Herbst ein und treiben erst im Spätfrühling wieder aus, daher sind sie als Pflanze im Handel nur ganz selten erhältlich.

Wenn ich in meinem Leben ein Motto habe, dann ist es die Vielfalt oder das „Sowohl-als-auch"-Prinzip – bis heute bin ich kaum imstande, größere Flächen mit nur einer Sorte zu bepflanzen. Es muss immer ein wildes Durcheinanderblühen sein. In einem französischen Buch las ich vor kurzem über eine „Webtechnik", die in einer Wiese eine Art Streublumenteppich hervorgebracht hatte. Das Ergebnis sieht vollkommen wild aus, hat aber Methode. Wie schon öfters erwähnt, gehe ich selbst nicht sehr methodisch, sondern eher intuitiv vor, lasse mich inspirieren, plane im Moment, und das funktionierte bisher auch ganz gut. Platz genug, um immer wieder etwas Neues auszuprobieren, habe ich ja. Trotz des größeren Arbeitsaufwands ziehe ich die Bepflanzung größerer Flächen einem kleinen Garten vor, sie lassen sich auch großzügiger gestalten. Wenn ich mit meiner Pflanz- und Pflanzenleidenschaft nur einen ganz kleinen Garten beackern dürfte, wäre der wohl sehr bald „vollgepflanzt", sozusagen „fertig", und was täte ich dann wohl?

Eine der ersten Erfahrungen, die ich als gärtnernder Mensch machen musste, war übrigens jene, dass in Verpackungen nicht immer drinnen ist, was außen draufsteht. Es kommt gar nicht so selten vor, dass Pflanzen falsch beschildert werden und man eine andere Farbe oder gar eine andere Sorte mit nach Hause nimmt, als ursprünglich geplant. Manchmal habe ich das erst gemerkt, als das Pflänzchen schon im Boden war oder die Knospen, die schon dran waren, lila anstelle von rosa austrieben. Meine japanische

Glyzinie (*Wisteria floribunda*), die auf den Seiten 86 und 96/97 abgebildet ist, ist ein schönes Beispiel für solche „Überraschungen": Ich habe sie mit einem Schildchen erstanden, auf dem eine herrlich rosa blühende Pflanze abgebildet war – „Wisteria fl. rosea" stand darauf, und die damals ungefähr 1,20 Meter hohe Kletterpflanze trug auch schon zwei knospende Blütentrauben. Es war mir nämlich sehr wohl bekannt, dass manche Glyzinien erst nach ganz langer Zeit blühen können und da wollte ich auf Nummer sicher gehen. Der als rosa angeschriebene „Blauregen" öffnete die ersten Blüten der besonders langen Blütentrauben – und die waren zartlila mit violettem Rand! Damals habe ich ernsthaft überlegt, ob ich diese „Enttäuschung" wieder ausgraben und dem Gärtner zurückbringen soll, doch die Vernunft hat letztendlich gesiegt, und der wunderbare Duft der Blütentrauben hat mich schließlich gänzlich überzeugt. In den folgenden Jahren war es mit der Blütenpracht allerdings vorbei, ganze sechs Jahre dauerte es, bis sich erstmals wieder einige der pelzigen Blütenknospen im Frühling zeigten. Die Pflanze selbst ist mit den Jahren übers Dach von Sitzplatz und Gästezimmer geklettert und hüllte es in den Sommern mit ihrem Blätterkleid fast völlig ein. Doch das hat mich auch nicht über die „Blühfaulheit" hinweggetröstet. Jeden Rat habe ich befolgt, im Hochsommer die Langtriebe eingekürzt und im Spätwinter die Äste auf drei Augen zurückgeschnitten. Jahr für Jahr habe ich der Pflanze damit gedroht, sie doch noch auszugraben, wenn das so weitergehen sollte und meine Fotografin Simone hat augenzwinkernd vorgeschlagen, der faulen Wisteria ein Foto von einer blühenden Kollegin vor die Nase zu halten, damit sie sieht, wie sie ausschauen sollte! Doch in diesem Frühling traute ich um die Osterzeit meinen Augen kaum – an der Wand entlang und über

Bisher war es für Schwertlilien (Iris) *hier im Garten eher zu feucht, bei einem Großteil meiner Versuche faulte kurz vor dem Aufblühen die Knospe ab, nur die früh erscheinenden Zwerg-Schwertlilien* (Iris barbata „*Nana*") *(kleines Bild oben und großes Bild) blühten verlässlich jedes Frühjahr.*

Zwischen dem aufschießenden Blattwerk der Sommerstauden sind die dicke Kugeln bildenden Sternchenblüten des Riesenlauchs (Allium giganteum) *ein schöner Blickfang, doch immer ein wenig in Konkurrenz zu der dicht gefüllten Clematis* (C. multiblue).

Oben links kommt zusätzlich noch der Bulgarische Zierlauch (Nectarosordum siculum) *ins Spiel. Und auch die Blüten der niederen, polsterbildenden Flammenblume* (Phlox) *erinnern an Sternchen.*

das ganze Dach – kugelig-pelzige Blütenknospen! Wochenlang kamen Freunde und Bekannte in den Garten um das „Wunder der Wisteria" zu bestaunen und Fotos zu machen. Danke, liebe Wisteria, für das herrliche Geschenk!

Aber auch den umgekehrten Fall habe ich erlebt: Vor vielen Jahren, als es bei uns noch keine große Auswahl an Clematis gab, bekam ich eine geschenkt, auf deren Schild eine frühsommerblühende rosa Sorte angegeben war, doch die erste Knospe, die im Hochsommer erschien, sah irgendwie anders aus. Als sie aufblühte, erkannte ich staunend, dass es sich um eine tulpenblütige, rosarote Waldrebe (*Clematis texensis*) handelte, die damals im Handel ganz selten angeboten wurde. Heute erfreut sie mich an der Wand beim kleinen Durchgang zum Sitzplatz mit reichem Blütensegen.

Die erste Clematis, die meine Mutter zu Hause in Wien zog, war die klassische Sorte „The President". Großblütig und tief dunkelblau zierte sie die Mauer der schön begrünten Hinterhofterrasse. Als ich begann, mich für die ganz wunderbaren Rankgewächse vermehrt zu interessieren, stieß ich zuerst durch Fachliteratur, dann vermehrt auch in den Gärtnereien auf die beeindruckend große Palette der Waldrebengewächse. An die 300 verschiedene Arten wurden seit dem 16. Jahrhundert beschrieben. An Hausmauern und auf

Zäunen sieht man hauptsächlich die frühlingsblühenden – *Clematis alpina* (Glöckchen) oder *montana* (Sterne) und im Frühsommer die großblumigen Sorten, von denen es jetzt auch schon ein größeres Angebot gibt als noch vor zehn Jahren. In einer Clematisgärtnerei hat mir der Obergärtner erzählt, dass die ganz reizenden, im Hochsommer blühenden *Viticellas* oder die gelbblühenden Hütchen der Orientalis-Gruppe bei uns noch wenig verbreitet sind. Auch staudig wachsende Arten wie *Clematis integrifolia* oder *Clematis heracleifolia* werden kaum eingesetzt, dabei schaffen sie einen sehr hübschen Effekt, wenn sie beispielsweise mittig oder im Hintergrund der Staudenrabatte gepflanzt werden. Viele der kleinblütigen Waldreben kann man (wie am wilden Vorbild *Clematis vitalba* überall in der Natur zu sehen ist) auf Bäumen und in Gehölzen wachsen lassen, das ergibt nicht nur in großen Rosensträuchern, auch mit buntlaubigen Gebüschen wie dem Perückenstrauch (*Cotinus*), rotblättrigen oder panaschierten Holunderarten (*Sambucus*) eine sehr schöne Kombination. Die reizenden Ranken turnen in meinem Garten auf den Rosenbögen, an den Zäunen im Gemüsegarten und am großen Beet, versuchen sich in den Apfelbäumen und eine hohe Staude, die in hellblauen Büscheln blüht (*Clematis tubulosa* „Côte d'Azur"), macht sich in der großen Rabatte von Jahr zu Jahr breiter.

Bei aller Experimentierfreude und Verbundenheit mit der Pflanzenwelt neige ich nach wie vor nicht dazu, den Garten als botanisches Experimentierfeld oder als „Hobby" zu sehen. Wirklich zufrieden bin ich erst dann, wenn sich meine Vorstellung vom grünen Lebensraum erfüllt, wenn Form, Inhalt und mein persönliches Umfeld zu einer Einheit verschmelzen, zu einer Basis für alle meine weiteren Aktivitäten. Ich würde nie einer speziellen, ausgefallenen Pflanze hinterher laufen und auch meine Katalogbestellungen halten sich an und für sich in Grenzen. Meistens fallen mir bei meinen Expeditionen zu

Wenn die Kletterrose „Félicité & Perpétue" voll erblüht ist, bildet sie kleine Pompons, die hier mit den blassblauen Blüten von Clematis „Prince Charles" (großes Bild und rechts unten) eine Allianz eingegangen sind. Wie ein strahlender Stern lugt (rechts oben) die großblühende, schön gestreifte Waldrebe (Clematis *„Dr. Ruppel")* *aus dem Laub.*

nahen und ferneren Gärtnereien ohnedies nur jene Pflanzen zu, die für diesen Standort geeignet sind. Eine meiner Rosen (*Rosa chinensis* „Variegata die Bologna"), hübsch gestreift, habe ich mir aus Deutschland schicken lassen – sie kümmerte zwei Jahre lang vor sich hin und endete bedauerlicherweise dann doch auf dem Komposthaufen. Im Gegensatz zum unkomplizierten Umgang mit winterharten Blütenstauden musste ich mich den Rosen offensichtlich erst langsam annähern, um zu erkennen, welche zu mir passen und in meinem Garten gut gedeihen. Als Kind in den 50er Jahren beschränkten sich meine Begegnungen mit Rosen fast nur auf die damit bedruckten Röcke meiner Mutter, beziehungsweise auf zwei schmale Beete mit Edelrosen, steifen, kleinen

Büschen, die im Garten von Freunden meiner Eltern wuchsen. Irgendwie sahen sie so künstlich aus, in die aufgelockerte Erde darunter verirrte sich nicht einmal Unkraut. Die Kletterrosen auf der Pergola daneben gefielen mir schon viel besser. Doch auch diese waren hauptsächlich rot blühend, und das hat meine Beziehung zu dieser Farbe anscheinend nachhaltig beeinträchtigt. Denn wenn auch mein geschmackliches Farbenspektrum ziemlich breit gefächert ist – Rot gehört nicht dazu.

Durch rankende und kletternde Pflanzen wie die aparte Staudenwicke (Lathyrus latifolius) *(großes Bild) kommt Bewegung ins Gartenbild. Die Waldreben in ihrer Vielfalt bringen rankende Arten in unterschiedlichsten Blütenformen – wie hier die* Clematis reticulata *(unten links) oder die hohe, staudig wachsende* Clematis *„Aljonushka" (unten rechts) hervor.*

Auch so exotische Kletterer wie Passionsblumen (Passiflora) *wandern hier immer wieder ein, müssen aber im Zimmer überwintern. Dafür vermehrt sich die Prunkwinde* (Ipomoea) *meistens von selbst und wandert öfters, wie ihre wilde Verwandte, die Zaunwinde, durch Stauden und Gehölze oder umrandet die Beete am Boden, wenn sie keine Möglichkeit zum Aufwärtsklettern findet.*

Farbtöne wie rosarot und pink, baby- und puderrosa, tiefrosa, purpur und tiefes braunrot, alle Schattierungen von orange und sogar violett schätze ich sehr, aber das brutale Knallrot eines Feuerwehrautos (auch wenn es sich mit einigen Farben ganz gut kombinieren ließe) kommt mir nicht ins Beet! Und so blühen die zwischenzeitlich bereits stattlichen 45 verschiedenen Rosenarten in meinem Garten – hauptsächlich in Rosa.

Einer meiner absoluten Rosen-Lieblinge, die Kletterrose „Cécile Brunner Climbing" ist mir ganz zufällig in meiner Stammgärtnerei „begegnet". Ich wollte eigentlich gar keine Rose erwerben, doch da stand dieses hellgrün belaubte, mit porzellanrosa Knospen an langen

Stielen bestücke Röschen vor meinen Füßen, wie hätte ich da widerstehen können? Besonders in knospendem Zustand sieht sie entzückend aus, aber auch aufgeblüht – ein dichter, blassrosa Wuschel von ungefähr drei Zentimeter Durchmesser – ist diese Rose ein wahrer Blickfang am Rosenbogen. Dazu ist die Pflanze auch noch zäh. Nach einem strengen Winter und obwohl ich sie wie üblich mit Reisig abgedeckt hatte, fand ich meinen Liebling im Frühling nur noch als gefrorenes Etwas vor. Aber Geduld

In der ersten Zeit wurden die weißen Beete im Sommer von Schmuckkörbchen (Cosmos) *dominiert (unten links), dann folgten die ersten Stauden wie weiße Lupinen* (Lupinus) *(unten rechts), Gräser wie weiß-grün gestreiftes Reitgras* (Calamagrostis acutiflora „*Overdam*") *(links) oder die robusten Indianernesseln* (Monarda) *(rechts).*

bringt Rosen – sie hat wieder ausgetrieben und wächst, gedeiht und blüht schöner denn je. Ein Dauerblüher, wie es in den Büchern steht, ist sie bei mir dennoch nie gewesen.

Nicht alle Rosenbücher sind hilfreich, aber ein paar wahre Perlen gibt es doch. Neben Autoren wie Peter Beales oder Anke Kuhbier wurde vor allem das kleine, fast quadratische Büchlein „Rosen“ (siehe Anregungen & Tipps, Seite 174) zu einem ständigen Begleiter. In kurzen, prägnanten Beschreibungen und herrlichen Portraits werden darin die wichtigsten Rosen vom Mittelalter bis heute vorgestellt. Abgesehen

Wenn jemand einen Rosengarten anlegen will, sind 45 verschiedene Sorten wenig beeindruckend. Aber hier, in dieser Mischkulanz, wo es Rosen kaum in Einzelstellung gibt, sind es ganz schön viele. Doch von Rosen kann man nie genug bekommen und es dauert ja auch einige Zeit, ungefähr drei Jahre, bis ein Rosenstrauch seine Wuchsform entwickelt. „Rose de Resht" (links) mit Storchschnabel (Geranium) *und Fenchel* (Foeniculum vulgaris), *darunter „Le Chapeau de Napoléon".*

Unter der magentaroten Moosrose „William Lobb" breitet sich breitwüchsig „Dentelle de Malines" aus, sie blüht ganz blassrosa, fast schon weiß.

davon, dass es übersichtlich und informativ ist, kann ich es durch das handliche Format leicht überall im Garten mitnehmen. Darin werden eigentlich nur sogenannte Historische Rosen beschrieben, die ja meistens nur einmal blühen, die ich aber trotzdem den Englischen Rosen vorziehe, dem berühmten Mix aus Historischen und Modernen von Austin. Englische Rosen blühen zwar vorwiegend den ganzen Sommer lang, haben aber auch sehr große Blütenköpfe mit Stängeln, die dem Gewicht kaum gewachsen sind und daher immer ein bisschen herunterhängen. Außerdem passt der Großteil dieser sehr perfekten Rosen nicht so gut zu meiner Vorstellung eines naturnahen Gartens. Schon eher freunde ich mich an mit der ungefüllten „Arthur Hillier" von 1938 in Dunkelrosa mit ihrem leuchtenden Kranz der Staubgefäße. Rund um das Haus

Unter dem Rosenbogen, gleich hinter den wilden Blättern des Bärenklaus (Acanthus mollis), *wächst die Englische Rose „Jayne Austin". Sie wird nur 75 Zentimeter hoch, hat einen seltenen Farbton, apricot-creme, und duftet ganz fantastisch nach Teerosen!*

finden sich üppig gefüllte wie die robuste rosa Strauchrose „Jacques Cartier" von 1868 oder die Englische Rose „William Morris" in Apricotrosa, die im Frontbeet vom rostigen Gestell eines alten Gartenstuhls gestützt wird. Doch speziell kleinblütige Kletterrosen wie „Ghislaine de Féligonde", die in einer Mischung aus Apricot und Mandarin aufgeht und dann weiß verblüht oder die tief samtrote „Violette" mit ihren goldenen Staubgefäßen, oben erwähnte „Cécile Brunner Climbing" oder der wild wuchernde, blassrosa Rambler „Paul's Himalayan Musk" machen für mich den wahren Rosenzauber aus. An einigen Stellen im Garten wächst auch

Der Unterschied zwischen Englischen und Historischen Rosen ist bei den beiden mittigen Bildern deutlich zu sehen: Die Englische Rose (links) „William Morris" in kräftigem apricot-rosa hängt durch ihre schwere Blüte auf schwachem Stiel etwas herunter, die alte Rose (rechts) „Jacques Cartier" trägt ihre Blüte tadellos.

Das bläuliche Samtrot der alten Moosrose „William Lobb" verblasst mit der Zeit in ein sanftes, dekadentes Grauviolett. Da diese Rose einen sperrigen Wuchs hat, biege ich ihre bemoosten Zweige nach unten und beschwere sie mit dicken Glaskugeln an Drahthacken, um den Austrieb an den kahlen Ästen zu fördern.

Taglilien (Hemerocallis) *verkörpern für mich den Sommer. Sie blühen unermüdlich, sind unkompliziert und zeigen eine breite Sortenvielfalt. Nur die Namen der vielen Hybriden kann ich mir einfach nicht merken. Aber im Garten blühen viele in den schönsten Farben …*

die wilde Hundsrose (*Rosa canina*), ihre mit rosa Blüten übersäten Zweige schmücken im Frühling das Dach des kleinen Stadels und den Apfelbaum im Eingangsbereich.

Ostseitig habe ich vor einigen Jahren am Fuß des kleinen Hügels eine Art Versuchsbeet angelegt und verschiedene Stauden, Kräuter, Strauchrosen und Lilien in ziemlich kontrastreichen Farben gepflanzt. „Mutig", haben Freunde diese Mischung aus Rosa, Lila, Orange und tiefem Dunkelrot genannt, dazu kamen dann auch noch einjährige Sommerblumen wie

kalifornischer Goldmohn (*Eschscholtzia californica*) mit Ringelblumen (*Calendula*) in kräftigem Gelborange. An der Tête des Beetes wächst, umrahmt von buntblättrigem und großblättrigem Salbei, an einem Rankgerüst eine rosa „Variegata die Bologna“ von 1909. Nicht gerade groß und kräftig, schmückt sie sich aber im Juni mit wunderbaren, rosa-cremegestreiften Blüten und steht unter aufmerksamer Beobachtung. Wenn sie verblüht ist, wird das Laub (neigt leider zu Sternrusstau) von den wilden Ranken einer schmetterlingsblütigen, zartrosa Clematis (*C. texensis* „Pagoda“) überwuchert.

... dabei kannte man in den bäuerlichen Gärten einst nur die orangefarbenen, die überall hier wie Unkraut wucherten. Dass es diese Pflanze, die bald an jeder Ecke wächst, in verschiedenen Farbschattierungen gibt, hat sich noch nicht wirklich herumgesprochen.

Eine aparte Mischung ergeben die verschiedenen sommerlichen Rosatöne wie das kräftige Rosa der Königslilien (Lilium Regale), *dazu das Blassrosa einer Stockrose* (Acea rosea) *und dahinter die Doppeltönigkeit der Flammenblume* (Phlox paniculata).

In unmittelbarer Nachbarschaft tragen die Pantherlilien (*Lilium pardalinum*) stolz ihre rot-gelb gepunkteten Turbane zur Schau. Zu dieser Zeit ist die Rose, die dort wächst, fast schon verblüht. Der Kontrast der Rose „William Lobb" von 1855, einer Moosrose in Purpurviolett, und der rot-gelben Lilie hätte mir schon gefallen. Aber meistens blüht die Rose nur noch sehr spärlich, wenn die Lilien aufgehen. Später im Sommer erscheinen aber in diesem Beet die ganz wunderbaren japanischen Prachtlilien (*Lilium speciosum* „Black Beauty") in dunklem Pink und etwas weiter links davon leuchten die imposanten Blütenköpfe der Englischen Rose „Pat Austin" in knalligem Kupferorange. Immerhin auch ein toller Kontrast. Dazwischen beschwichtigt eine „Rose de Resht" in sanftem Kirschrosarot. Dahinter lockern ein großer Wedel von Gewürzfenchel (*Foeniculum vulgaris*) und davor ein aromatisch duftender kleiner Strauch – die Eberraute (*Artemisia abrotanum*) mit fedrigem Blattwerk – die farbintensive Bepflanzung mit Grünschattierungen etwas auf.

Um die Kermesbeere (Phytolacca americana) *(unten links) aus einem geschenkten Ableger zu etablieren, hat es zuerst etwas gedauert, aber jetzt wächst sie hier in jedem Winkel. Die weißen Kerzen verwandeln sich in schwarzrote Beeren, die früher zum Färben verwendet wurden. Auch eine Kerze, die sich hier stark verbreitet, ist die duftende Bergminze Agastache* (Agastache rugosa) *(unten rechts).*

Die Farbgestaltung im Garten spiegelt natürlich meine persönlichen Vorlieben wider. Bis auf die zwei weißen Beete im Eingangsbereich würde ich sie als sanfte Mischung bezeichnen. Wirklich dominierend ist hier keine Farbe, Gelb ist im Frühling (Narzissen) und im Hochsommer (alle Arten Sonnenblumen) ein Thema, sonst sind es hauptsächlich Pastelltöne, die das Bild bestimmen. Nur in dem ostseitigen Beet hinter dem Haus geht es farblich manchmal etwas bunt zu. Dunklere Blautöne setzen im Frühsommer Akzente zwischen Rosé, Weiß und Mauve in den Beeten. Ein zarteres, ganz blasses

Stock- oder Bauernrosen (Alcea rosea) *sind ein Muss im ländlichen Garten. Sie gehören in den Bauerngarten wie die Orange in die Orangerie, brauchen durch ihr stattliches Format eine Stütze und sind in vielen Farbtönen von blassgelb bis fast schwarz zu bekommen. Die meiste Freude machen diese Zweijährigen, wenn man sie selber aus Samen zieht.*

Blau erscheint im Hochsommer Jahr für Jahr in Form von Schmucklilie (*Agapanthus africanus*) und Bleiwurz (*Plumbargo auriculata*) aus Südafrika in großen Töpfen.

Eine meiner Schönheitsköniginnen ist aber die Lilie „Black Beauty", sie sieht sehr kunstvoll aus, mit dem pinkfarbenen „Turban" und der sternförmigen, grünen Zeichnung (Nektarkanäle), aus der lange Stiele mit wackeligen, braunen Staubgefäßen ragen. Faszinierend! In einer Vase,

Kaum zu glauben, dass auch das eine Clematis ist! Im Spätsommer zeigen sich die zartgrün-gelben Glöckchen dieser aus Westchina stammenden, bis zu sechs Meter hoch rankenden Waldrebe (Clematis Rehderiana). *Sie duftet süß (!) und blüht bis in den Herbst.*

aber auch in einem Glas oder einer Blechbüchse kombiniere ich gerne Gräser, Kräuter und Wildblumen mit kunstvoll anmutenden Geschöpfen wie Rosen oder Lilien aus dem Garten. Auch große Blätter oder Farnwedel machen sich gut zu Rosen oder auch zu Hortensien. Diese habe ich bisher noch nicht erwähnt, da sie in dem eher trockenen Boden hier eher schwierig zu halten sind. Trotz meiner standortgebundenen Vorlieben haben es mir diese wunderbaren Sträucher angetan. Aber wie der botanische Name der Hortensie – *Hydrangea* – schon sagt, sie liebt es feucht und bevorzugt eigentlich ein mildes

Klima. Das hatten wir zwar letzten Winter, aber dafür ist das Erdreich so ausgetrocknet, dass ich meine empfindlichen Büschchen täglich wässern muss. Die mit rosa und blauen Blütenbällen geschmückten Bauernhortensien, die in der Bretagne übermannshoch werden und auch in der Südsteiermark gut gedeihen, habe ich mir sowieso versagt, aber Schneeballhortensien wie „Annabelle" oder die „Eichblatthortensie" sollten es bei mir schon aushalten können.

Im späten September blüht die exotisch anmutende Krötenlilie (Tricyrtis). *Eigenartig, dass sie selten in Staudenpflanzungen eingebunden wird. Schon ihr hübsches Blattwerk erfreut das Auge und die zarten Blütchen leuchten geradezu in der Spätsommersonne. So hübsch darf es dann auch zu Ende gehen, das Gartenjahr!*

Inspiration & Wirklichkeit

DIE GARTENKULTUR

Die beeindruckende Selbstverständlichkeit, mit der die Kultur der Gärten in anderen Ländern ins tägliche Leben integriert wird, lässt fast so etwas wie einen Anflug von Neid aufkommen. Zum Beispiel die Niederlande mit den gepflegten Vorgärten – wo man den Eindruck hat, dass jeder zweite Radfahrer Pflanzen auf seinem Gepäckträger transportiert; oder die mit großartigen Parks und Gärten gespickte Kulturlandschaft in Großbritannien – dort diskutieren sogar die Arbeiter im Pub über die Mehltauanfälligkeit bei Rosen; und schließlich der blühenden Charme Frankreichs, der halb verfallene, alte Gemäuer in botanische Oasen verwandelt. Wer das je gesehen hat, verspürt die Sehnsucht, das eigene Land, das ja sonst nicht gerade arm an Kultur ist, wieder ambitionierter aufblühen zu sehen. Auch unsere südlichen Nachbarn, die Italiener, halten ihr gartenkulturelles Erbe hoch und in Ehren, was man von uns Österreichern nicht wirklich behaupten kann. Der Stellenwert, den der Garten – öffentlich wie privat – bei uns hat, ist immer noch ein eher geringer.

Die beste Inspiration kommt immer aus der Pflanzenwelt. Mit duftenden, breit wachsenden Kletterrosen, wie hier „Constance Spry", lassen sich flächendeckende Effekte erzielen, kahle Mauern oder unattraktive Flächen verhüllen. Gestalten mit Pflanzen ist ein wenig wie Architektur, Bauen mit grünen Bausteinen, und bedeutet ständige Pflege und liebevolle Aufmerksamkeit. Das ist der prägnante Unterschied zwischen wilder Natur und gewollter Gartenkultur: Auch wenn so mancher Garten ein wildes Outfit trägt, braucht er immer die pflegende Hand und das aufmerksame Auge seines Gärtners. Wenn mir nach Natur-Natur ist, lege ich mich auf eine Almwiese und genieße den würzigen Duft der Alpenkräuter. Die brauche ich nicht von unkrautigen Störenfrieden zu befreien, aber meine Mischung aus wild wuchernden Gräsern, Kräutern, Rosen und Stauden schon.

„Gartenlust & Rosenzauber“ brachte Jahr für Jahr viele an gärtnerischen Aspekten interessierte Besucher ins Marienschlössl und in den Kronsegger Garten. Staudenraritäten von spezialisierten Gärtnern wie beispielsweise Christian Kreß aus Ort im Innkreis oder Dieter Gaissmayer aus Illertissen in Bayern und ausgesuchtes Kunsthandwerk von hochwertiger Gartenkeramik bis zu schrägen Strohhüten waren beliebte Schwerpunkte.

Das sieht man schon daran, wie die Öffentlichkeit mit ihren Grünflächen umgeht. Nirgendwo habe ich bisher so viel Abfall in den Grünanlagen gesehen wie in Wien. In den großen Parks herrscht vielleicht noch Zurückhaltung, und auch die Putztrupps sind unermüdlich am Werk, aber Rasenstreifen oder Gebüsche und Hecken in der Stadt sehen oft wirklich trostlos aus. Da finden sich Blechdosen, Tragetaschen, Papierschnipsel und wer weiß was noch alles. Traurig finde ich es auch, dass es in einem Land wie unserem kein umfassendes Denkmalschutzgesetz für Historische Gärten gibt, wie es etwa in Deutschland oder auch in Polen ganz selbstverständlich ist. Abgesehen von Prestigeobjekten wie dem Schlosspark von Schönbrunn oder des Belvedere und einem neuen, wirklich großartigen Projekt (www.schlosshof.at), dem man nicht genug applaudieren kann, steckt die Erhaltung und Wiederherstellung unserer grünen Denkmäler sozusagen noch in den Kinderschuhen.

Mein eigenes Interesse an unserer grünkulturellen Vergangenheit wurde vor vierzehn Jahren durch Peter Pindor geweckt, damals Bezirksrat im siebenten Wiener Gemeindebezirk. Dieses Amt hatte er nur angenommen, um die vielen versteckten Hinterhofgärten dieses Bezirks der Öffentlichkeit bekannt zu machen. Ich hatte über ihn und seine Aktivitäten gelesen und wollte ihn kennen lernen und interviewen. Er nahm mich gleich zu einem Treffen der Österreichischen Gesellschaft für Historische Gärten mit, von der ich bis dahin gar nicht wusste, dass es sie gibt. Peter, mit dem mich in den darauf folgenden Jahren die Liebe zu den Gärten freundschaftlich verband, ist zwar leider

Dem beliebten, immergrünen Buchsbaum begegneten wir auf unserer niederrheinischen Gartenreise in allen Gärten. Das pflegeleichte Formschnittgehölz steht inmitten all der blühenden Vergänglichkeit wie ein Symbol für das ewige Leben.

bereits verstorben, aber der Geist, der das gärtnerische Erbe lebendig erhalten wollte, ist lebendiger denn je. Die Gesellschaft veranstaltet Kongresse, Symposien und gartenhistorische Reisen, um das Interesse an diesem spannenden Thema ins öffentliche Bewusstsein zu bringen. Viele interessante und bildende Gartenreisen von Berlin bis ins Veneto, von Kent bis in die Provence habe ich seither als Mitglied dieser rührigen Gesellschaft gemacht und viele gärtnerische Weggefährten durch sie kennen gelernt. Möglicherweise verdanke ich auch den Anregungen aus diesem ersten Jahr der Mitgliedschaft meinen Einfall, unseren damaligen Garten in Kronsegg mit einer Art

Gartenausstellung für Besucher zu öffnen. Diese Ausstellung, die „Gartenlust“, entstand ziemlich spontan, einfach aus Freude daran, Schönes teilen zu wollen. Denn ich glaube, dass Gartenkultur nicht nur aus gepflegten Schlossparks, noblen Villengärten, dem traditionellen „Bauerngartl“ oder öffentlichen Gartenanlagen besteht, für mich ist es Gartenkultur, wenn die Schönheit der Gärten und die Freude daran zum täglichen Allgemeingut werden und nicht entweder als Kleingärtnertum verlacht oder konträr dazu als zu elitär abgeurteilt werden. Letzte Woche fuhr eine cool gekleidete junge Frau am Fahrrad an mir vorüber, und was zierte ihren Gepäckträger? Eine in grünes Papier gewickelte, prächtig blühende Pflanze. Das nenne ich lebendige Gartenkultur!

Sehnsüchte und Bewunderung weckt ein Spaziergang durch Piet und Anja Oudolfs berühmten Garten in Hummelo. Die perfekte Anordnung von zarten Farben, verschiedenen Höhenstaffelungen und die wechselseitige Wirkung der verschiedenen Blütenformen aufeinander lässt die Herzen der Gartenliebhaber weit aufgehen.

Aufregend finde ich es und bemerkenswert, dass gerade unsere Region, beziehungsweise die nähere Umgebung unseres Gartens, in den letzten fünfzehn Jahren einen sichtbaren Aufschwung in Richtung Gartenkultur gemacht hat. Immer am 1. Mai kommen ungefähr siebentausend Garten- und Pflanzenfreunde an unserem Garten vorbei, auf ihrem Weg zum großen Pflanzentag der „Arche Noah", der Gesellschaft für die Erhaltung und Entwicklung der Kulturpflanzenvielfalt, um ganz besondere Gemüsesorten und Blumenspezialitäten zu erstehen oder zu tauschen (siehe Anregungen & Tipps,

Seite 172). Ich erinnere mich noch an den ersten Pflanzentauschtag der Arche Noah, als es noch lange keinen Schaugarten in Schiltern gab. Er fand in einer Hauseinfahrt im Waldviertel statt, dort standen ein paar Frauen mit Pflanzenspezialitäten aus eigener Aufzucht und freuten sich über das aufkeimende Interesse. Ein Jahr später gab es diesen Pflanzentag bei Frau Leonhartsberger in Lengenfeld. Diese, eine damals schon etwas ältere Gartenfrau, baute auf einem großen Feld hinter ihrem Garten viele winterharte Blütenstauden an, die mir in meinen Anfängen völlig unbekannt waren. Mein erster Bärenklau (*Acanthus*) stammt dorther, eine weidenblättrige Sonnenblume (*Helianthus salicifolius*) und auch ein Töpfchen rosablühender, weißbunt-blättriger

Der Oudolf'sche Garten wurde zur wahren Pilgerstätte für Gartenliebhaber und wer die Niederlande besucht, sollte dieses Gartenkleinod in seine Reiseroute fix einplanen. Farbenfrohe Höhepunkte in Piet Oudolfs Gräsergarten sind Spätsommer und Herbst.

Pelargonien (*Pelargonium* „Verona"), deren Nachkommen heute noch Jahr für Jahr auf meiner Fensterbank und im Garten blühen. „Das sind Ableger einer alten Pflanze meiner Großtante", erklärte mir die nette blonde Dame, die sie anbot „und schon lange in meiner Familie". Jetzt sind sie auch schon einige Zeit in meiner Familie und viele Stecklinge dieser reizenden Pflanze wanderten rundum in den Freundeskreis. Die nette blonde Dame entpuppte sich als fundierte Pflanzenkennerin mit einem großen Gemüse- und Blumengarten bei Stift Göttweig. Nicht verwunderlich, dass wir in der Zwischenzeit gute Gartenfreundinnen geworden sind und so manches Pflänzlein von einem Garten in den anderen wanderte. Als ich dann von ihren Rosensirups und Rosenmarmeladen erfuhr, habe ich sie und ihre floristische Freundin sofort eingeladen, bei unserer beliebten Frühsommer-Gartenausstellung mitzumachen. Diese hatte sich nach ein paar Jahren in Cathy Matuschkas Marienschlössl auch zusätzlich wieder nach Kronsegg, in unseren neuen Garten verlagert („Gartenlust & Rosenzauber – 1 Fest in 2 Gärten", siehe Anregungen & Tipps, Seite 174), und durch das erweiterte Angebot an pflanzlichen Raritäten und kunsthandwerklichen Besonderheiten ein Publikum angezogen, das sich erfreulicherweise wie Narzissen in der Wiese jedes Jahr vermehrt.

Wahrscheinlich das Einzige, das den Gärtner in den Sommermonaten aus seinem Garten herauslocken kann, ist die Aussicht, andere Gärten Gleichgesinnter besichtigen zu können und sich mit diesen intensiv über sein Lieblingsthema auszutauschen. Zuerst unabhängig voneinander hatten im Herbst 2003 der Gartengestalter Roland Stifter und ich die Idee, einen Gartenclub zu gründen, um so eine Art Forum für unsere gärtnerischen Interessen aufzubauen. Ich wollte es zuerst „Club der wilden Gartenfrauen" nennen, wurde aber vernünftigerweise überstimmt, denn es ist zwar unübersehbar, dass bei solchen Aktivitäten meistens die Damen in der Überzahl sind, aber ganz auf männlichen Beistand verzichten wollte ich natürlich auch nicht. Denn wer ist fürs Rasenmähen, Bäume stutzen, Hecken schneiden, für botanische Zuordnungen und so fort zuständig? Die Männer natürlich! Also einigten wir vier Clubgründer Ursula Haller, Roland Stifter, Ruth Wegerer und Moni Winter uns schlussendlich auf „Acanthus – Gartenclub der österreichischen Lustgärtner, Grünfinger und Rosenfeen" (siehe Anregungen & Tipps, Seite 174), und machten im Frühling 2004 mit einer immer größer werdenden Schar von Clubmitgliedern unsere ersten Gartenausflüge in die nähere Umgebung von Wien. Dazu kam dann ab Herbst 2005 eine Vortragsreihe für Herbst und Winter, so konnten wir also den Mitgliedern unseres privaten Gartenclubs in jedem Monat des Jahres eine Aktivität anbieten. Auch unsere kleinen Gartenreisen weiteten sich von Jahr zu Jahr aus. Fuhren wir im Juni 2005 zusätzlich zu unseren Tagesausflügen für zwei Tage in die Steiermark, waren es 2006 schon drei Tage im Salzkammergut und 2007 stand unsere erste Auslandsreise auf dem Programm. Die niederrheinischen Gartenparadiese hatten es uns angetan und im Juli 2007 erfreuten sich 27 Acanthus-Mitglieder vier Tage lang an der vielfältigen Pracht deutscher und holländischer

Hortensien, hier zwischen hohen Kirschlorbeer- und niederen Buchshecken, säumen einen schattigen Weg im sehenswerten Bürogarten einer tollen Kombination von Steuerberatungskanzlei und Kunstgalerie in Straelen. 11.000 Quadratmeter moderne Gartenlandschaft wurde um das Bürogebäude angelegt, hauptsächlich um den Mitarbeitern eine angenehme Atmosphäre und den Eigentümern entspannende Freizeitbeschäftigung zu bieten. Das ambitionierte Ehepaar – er Wirtschaftsexperte, sie Künstlerin und Galeristin – beschäftigt nur zum Schneiden der vielen Hecken einen Helfer, die Anlage haben sie selbst gestaltet und auch um die Pflege des riesigen Gartens kümmern sie sich gerne selber. Das nenne ich Passion!

Privatgärten. Denn da lag sie ausgebreitet, die flächendeckende Gartenkultur, die wir bei uns so schmerzlich vermissten. Gepflegte, buchsumrandete, blühende Vorgärten in all den kleinen Städten, durch die wir mit dem Bus fuhren, und eine ganz herzliche Aufnahme bei allen engagierten Gartenbesitzern, die wir besuchen durften. Mein persönlicher Höhepunkt der kleinen Reise war der Besuch in der Gärtnerei von Anja und Piet Oudolf, mein zweiter, nach zehn Jahren. In einem meiner liebsten Pflanzenbücher (Noël Kingsbury „Neues Gartendesign mit Stauden und Gräsern") habe ich im Vorwort gelesen, dass Pit Oudolf den legendären Pflanzenzüchter und Gartenbuchautor Karl Foerster als seinen „Helden" bezeichnet, wegen dessen unkonventionellem Zugang zu Pflanzen.

In starkem Kontrast zu meinen eigenen Gartenvorstellungen steht die Gestaltung des Bürogartens in Straelen. Aber gerade die Anregungen aus anderen Regionen Europas, verschiedene Geschmacksrichtungen und die verbindende Liebe zu Pflanzen macht den Reiz von Gartenreisen aus.

Mein Held ist dann aber Oudolf selbst, da er für mich den zeitgenössischsten Ausdruck gefunden hat, den der Garten heute nur haben kann. Ihm ist es durch seine jahrelange Arbeit gelungen, Pflanzungen in die Gärten zu bringen, die es in dieser Form bisher gar nicht gab. Für mich hat er ihn erfunden, den naturnahen Garten, den modernen Garten des 21. Jahrhunderts mit seinen wunderbaren Pflanzen, die „aus der Wildnis" kamen und für einen ästhetischen Naturzugang sorgten.

Wieder zurück im eigenen Grün, müssen erst einmal die vielen neuen Eindrücke verarbeitet werden, die man im Laufe einer Gartenreise, besonders in andere Länder, angesammelt hat. Doch einige Tage unter Gleichgesinnten und der damit verbundene Austausch von Erfahrungen ist für passionierte Gärtner immer gleichzeitig Erholung, Entspannung und wahre Inspiration.

Meine Gartenleidenschaft treibt schön langsam seltsame Blüten. Alles Grüne zieht mich in letzter Zeit magisch an. Ich habe mich zwar noch nie ganz in Schwarz gekleidet, aber dass ich so gar nicht mehr an grünen Pullovern, Jacken, Handtaschen oder Schuhen vorbeigehen kann, finde ich schon selber amüsant. So hat das Gartenreich unauffällig auch äußerlich von mir Besitz ergriffen, mich sozusagen assimiliert. Nun bin ich weder Gärtnerin noch Gartengestalterin, aber seit acht-

zehn Jahren Hausgärtnerin aus Leidenschaft, selbst ohne Garten werde ich das im Innersten mein Leben lang sein. Vielleicht ist das der Grund meines Engagements für mehr Lust am Garten in unserem Land der allgegenwärtigen Hochkultur. Denn zu der Lebenskunst, seinen Alltag angenehm zu gestalten, gehört in meinen Augen der liebevoll und ganz persönlich gestaltete Garten.

Traum & Erfüllung

DER GARTENALLTAG

Das Grün des frühen Jahres, dieses helle Grasgrün, hat sich als meine Lieblingsfarbe etabliert. Jahr für Jahr dem Zauber der ersten Triebe und der frühlingszarten Blüten erlegen, saß ich oft eingehüllt in dicke Jacken im Garten um mit allen Sinnen das Wunder der Wiederkehr zu bestaunen.

Wann ist es eigentlich am schönsten hier im Garten, werde ich manchmal gefragt. Diese Frage ist schwer zu beantworten, aber wahrscheinlich würde ich doch das mittlere Frühjahr wählen, wenn sich alles in unwiderstehlichen Grüntönen präsentiert, die große Wiese weiß und gelb getupft ist von Gänseblümchen-Gesichtern und Löwenzahn-Quasteln. Und wenn die Apfelbäume sich in rosaweißen Schaum hüllen, sodass es fast schon kitschig ist. Die Staudenbeete, die kurz zuvor noch ihr bräunliches Winterkleid zur Schau trugen, zeigen den ersten Blattschmuck von Frauenmantel und Storchenschnabel, spitzen Schwertlilienblättern und dem silbrigen Laub des Wermuts. Tulpen, Narzissen und andere Frühlingsboten sowie der in hellen und dunklen Grüntönen leuchtende Wald rundherum vervollständigen die Idylle. Aber jede Jahreszeit hat ihre Höhepunkte. Besonders euphorisch stimmt mich dieses fantastische Licht im Herbst, wenn der Garten vor sattblauer Himmelskulisse in das rot-gelbe Farbenspiel des Waldes geradezu eintaucht. Oder der Frühsommer mit all seinen Rosen und dem berauschenden Duft der Lilien.

MEIN HOLUNDERBLÜTENSIRUP
Sommerleicht

Zutaten:
ca. 15 Holunderblüten-Dolden
750 g Zucker
2 Zitronen (unbehandelt), in Scheiben geschnitten
40 g Weinstein- oder Ascorbinsäure
7 l Wasser

Zubereitung:

Holunderblüten von eventuellen Kleininsekten befreien und mit den anderen Zutaten in einem großen Email- oder Plastiktopf ansetzen. 24 Stunden ziehen lassen, dann abseihen und in saubere Flaschen (Glas oder Kunststoff) mit Schraubverschluss einfüllen.

Kühl und dunkel gelagert 1 Jahr haltbar.
Nach Geschmack mit Wasser, Sodawasser oder Mineralwasser verdünnen.

SIMONES RIBISEL-MARMELADE
Campari-Orange

Zutaten:
650 g Ribiseln
(rote Johannisbeeren)
250 g Orangenfilets und
Saft von 2–3 Orangen
500 g Gelierzucker 2:1
1/8 l Campari

Zubereitung:

Ribiseln waschen, gut abtropfen lassen und rebeln.

Orangen mit einem scharfen Messer bis zum Fruchtfleisch schälen, Häutchen entfernen und Orangenfilets auslösen. Den dabei austretenden Saft auffangen. Fruchtfilets in nicht zu kleine Stücke schneiden.

Ribiseln leicht zerdrücken, mit Orangenfiletstücken, Saft und Gelierzucker in einer Porzellanschale vermischen. Über Nacht zugedeckt ziehen lassen.

Unter Rühren am nächsten Tag zum Kochen bringen.

4 Minuten sprudelnd kochen lassen.

Gelierprobe machen.

Campari zugeben und noch mal kurz aufkochen lassen.

In vorbereitete saubere Gläser füllen.

Obwohl es auch großen Spaß macht, seinen Garten mit Besuchern zu teilen („Tag der offenen Gartentüre"), war ich immer darauf bedacht, dass wir genug Zeit und Muße für Erholung und Erbauung finden. Da darf schon einmal das Unkraut etwas länger stehen bleiben und Abgeblühtes wird auch erst dann weggeschnitten, wenn gerade Zeit dafür ist. Es wäre nämlich vollkommen gegen meine Natur, mich vom Gerede der Nachbarn und Besucher oder gar vom Wetter irgendwie unter Druck setzen zu lassen. In besonders heißen Sommern liege ich im Liegestuhl, halte Siesta, lese Krimis und lasse jegliche Gartenarbeit ruhen. Auch eine Gärtnerin macht Ferien. Allerdings immer im Garten, wo sonst? Bietet er mir doch sowohl optisch als auch „akustisch" die ideale Kulisse für Erholung:

Gerade spaziert ein Vogel mit braun gesprenkelter Brust in aufrechter Haltung neugierig über die Wiese beim Haus, wahrscheinlich auf Futtersuche. Doch aus dem verbrannten Gras haben sich die Insekten in grünere Gefilde zurückgezogen und die kleine Drossel muss ihr Glück anderswo versuchen. Und wer lässt dieses verliebte „Gurrugurru" erklingen? Aha, da landet eine beigefarbene Wildtaube auf der elektrischen Leitung und verschwindet gleich darauf mit lautem Flügelschlag in Richtung Wald.

Die kleinen täglichen Handgriffe, wie Fallobst zusammenrechen, Kübelpflanzen wässern oder den in feuchteren Sommern ständig nachwachsenden Rasen mähen, machen es aus, das Gartenleben. Es hat uns erfüllt und beglückt, war Alltag und Urlaub zugleich und nicht eine Sekunde langweilig.

Amsel, Drossel, Fink, Rotkehlchen und Rotschwänzchen, Bachstelze und Taube veranstalten tagtäglich Konzerte der paradiesischen Art. Niemals kann dieses himmlische Geschnatter, Gezirpe, Gezwitscher und Gegurre, das den Garten mit Musik erfüllt, zur Routine oder gar langweilig werden.

Naturgemäß bekommt der Garten die intensivste Zuwendung im Frühling, wenn wir ihn sozusagen „auspacken", und im Herbst, beim Einwintern. Das ist das Schicksal der Wochenend- und Sommergärtner, aber immer, wenn die Arbeit besonders viel wurde, waren Gartenfreundinnen verlässlich zur Stelle um

zu helfen. Besonders auf Simone Andress, meine fotografische Partnerin seit vielen Jahren, konnte ich immer zählen. Aus der beruflichen Partnerschaft, der zahlreiche Garten-Stories und zwei Bildbände entstammen, entwickelte sich mit der Zeit eine auch von Gartenfreuden geprägte Freundschaft. Und als Simone ihren von der Großmutter übernommenen Garten in der Steiermark aufgab, begann sie nicht nur die Kronsegger Gartenbilder zu jeder Jahreszeit mit der Kamera festzuhalten. Sie schichtete den Kompost um, säuberte den Gemüsegarten

Simplizität und etwas Laisser-faire *bedeuten für mich wahren Luxus. Die einfachen Dinge des Lebens – ein alter, langsam verwitternder Gartenzaun, die verblichene Holzwand der Scheune mit ihrem Clematis-„Kleid" oder die gläserne Vogeltränke am Stiel aus Künstlerhand – verströmen ihren eigenen Charme und sind ein Quell der Lebensfreude.*

SIMONES PETERSIL-PESTO

Zubereitung:

Kürbiskerne in einer beschichteten Pfanne ohne Fett anrösten bis sie sich blähen.
Abkühlen lassen.
Petersilie waschen, trocken schütteln und Blätter von den Stielen zupfen.
Zitrone heiß abwaschen, Schale abreiben und dann den Zitronensaft auspressen.
Knoblauchzehen schälen und mit getrockneten Paradeisern
und Parmesan grob zerkleinern.
Petersilblätter, Knoblauch, Paradeiser, Parmesan, Kürbiskerne mit Zitronensaft,
Salz und Pfeffer im Mixer nicht zu fein zerkleineren.
Olivenöl langsam unterrühren, bis eine glatte Paste entsteht.
Mit Zitronenschale, Salz und Pfeffer abschmecken.
In saubere Gläser füllen und gut mit restlichem Olivenöl bedecken.
Hält im Kühlschrank, immer gut mit Öl bedeckt, ein paar Wochen.
Passt gut zu Pasta, gegrilltem Gemüse, aber auch in Suppen oder zu
gekochtem Rindfleisch.

Zutaten:
2–3 große Bund
glatte Petersilie
3 große Knoblauchzehen
40 g Kürbiskerne
40 g getrocknete
Paradeiser (Tomaten)
60 g Parmesan
1/2 Bio-Zitrone,
Saft und Schale
Salz
Pfeffer, grob gemahlen
etwa 200 ml Olivenöl

Sogar der erste Frost verzaubert mit seinen Farbspielereien den herbstlichen Garten.

nach strengen Wintern und säte das erste Gemüse ein. Sie eliminierte lästige Brennnesseln, Girsch und Quecke, erntete Erbsen, Bohnen und die vielen Ribiseln (Johannisbeeren). Und vor allem – Simone verwandelte mein Obst und Gemüse in köstliche Gelees, Marmeladen, Chutneys und Pestos (Rezepte auf Seite 153, 161 und 163). Ich selber bin zwar eine ambitionierte Gärtnerin, aber das Einkochen und Verwerten interessiert mich schon mangels Großfamilie weniger. In den Anfangsjahren habe ich noch Holunderblütensirup hergestellt (Rezept auf Seite 151), das geht schnell und einfach, aber der war so beliebt, dass ich mit der Erzeugung kaum nachkam.

SIMONES QUITTEN-GELEE
Vanille-Amaretto

Zutaten:
2 kg Quitten
1 Zitrone
100 g Zucker
1 Vanilleschote
250 g Gelierzucker 2:1
15 ml Amaretto

Zubereitung:

Quitten waschen und mit einem trockenen Tuch den Flaum abreiben.
In große Stücke schneiden, dabei nur den Stielansatz und Blütenstände entfernen.
Stücke mit Schale und Kerngehäuse sofort in eine Schüssel mit Zitronenwasser legen.
Fruchtstücke im Dampfentsafter unter Zugabe des Zuckers in etwa einer Stunde entsaften.
1/2 Liter Quittensaft abmessen.
Die Vanilleschote längs aufritzen und das Mark herauskratzen, beides mit dem Saft und Gelierzucker in einem großen Topf zum Kochen bringen.
4 Minuten sprudelnd kochen lassen.
Vanilleschote entfernen und Gelierprobe machen.
Amaretto zugeben und in vorbereitete saubere Gläser füllen.
Gläser 5 Minuten auf den Kopf stellen.

Aus dem verbleibendem Quittenfruchtfleisch lässt sich nach dem Entsaften herrliches **Quittenbrot** herstellen:

Kerngehäuse entfernen und Fruchtfleisch durch die Flotte Lotte fein pürieren.
Fruchtmus mit exakt der gleichen Menge Zucker aufwiegen.
Bei mittlerer Hitze unter ständigem Rühren etwa 1 Stunde einkochen.
Ein Kuchenblech oder eine große flache Form einbuttern und die Fruchtpaste etwa 1–2 Zentimeter dick aufstreichen.
Etwa 14 Tage mit einem Küchentuch bedeckt an einem warmen luftigen Ort trocknen lassen.
Quittenbrot dann in kleine Würfel oder Rauten schneiden oder mit Keksformen ausstechen.
Nach Belieben in groben Zucker, Hagelzucker, gemahlenen Mandeln, Kokosflocken oder gehackten Walnüssen wälzen.
Gut verschlossen in Blechdosen zwischen Pergamentpapier lagern.

Wer sagt denn da, der Herbst wäre traurig?! Warm angezogen und mit Elan stürzten wir uns in herbstliche Unternehmungen wie Anhäufeln und Abdecken der Rosensträucher, Laub auf die Staudenbeete kehren (das im Frühling wieder entfernt wird) und erfreuten uns an den naturnahen Bepflanzungen. Da werden verdorrte Gräser und Stauden erst im Frühjahr, kurz vor dem Austreiben, weggeschnitten und nicht, wie es früher üblich war, schon im Herbst. So bleibt der Prozess des Vergehens in seiner ganzen Schönheit als ein Teil des Ganzen bestehen und die Samenstände dienen den Vögeln in der kargen Jahreszeit als Dessert.

Zu den erfreulichsten Seiten des Gartenlebens gehören die Kontakte zu den Gleichgesinnten. Und die fanden sich sogar in der nächsten Nachbarschaft. Die gute alte Tradition des Pflanzentauschens über den Gartenzaun hinweg ist erstaunlicherweise noch intakt und wird fleißig gepflegt. Rosafarbene Veilchen sind im Tausch gegen roten Mohn bei mir sesshaft geworden, hohe Herbstastern habe ich gegen Samen von apricotfarbenen Fingerhüten eingetauscht. Eine anfangs etwas zurückhaltende Nachbarin erwies sich im Laufe der Jahre als kommunikative, äußerst gebildete Pflanzenkennerin mit ausgefallenen Pflanzen, die rund um ihr Gemüse wuchsen. Und einmal, nach einem unserer „offenen Gartentüre“-Tage fand ich eine Tasche am Tor hängen, die ein Kuvert mit der Aufschrift „Samen von rosagerandeten Cosmeen, danke für die Hauswurz-Ableger!“ enthielt. Solche Erlebnisse sind einfach schön.

Trotz der Hilfe von Freunden und Nachbarn, die immer willkommen war, war es auch eine wichtige Erfahrung, dass ein sehr großer Garten für eine Einzelperson nicht geeignet ist. Freunde haben mich in der Überzeugung bestätigt, dass ein Garten, der 1.000 Quadratmeter überschreitet, den Single-Gärtner nicht nur arbeitsmäßig überfordert, sondern ihn auch gar nicht mehr so recht glücklich macht. Es ist ja auch nur das halbe

Vergnügen, wenn man sich über das, was man gerade tut, nicht austauschen oder es gemeinsam angehen kann, womöglich mit dem Lebenspartner. Seit dem letzten Sommer bin ich im Garten auf mich gestellt. Zweiundvierzig Jahre lang haben mein Mann und ich das Leben miteinander geteilt, haben zweimal Haus und Garten „reanimiert" und uns dann, in der Blüte unserer Jahre nach manchmal schwierigen Zeiten, schon durch das „Miteinander im Garten" gut verstanden. Ein unbeschreibliches Gefühl der Verbundenheit kam auf, wenn wir abends auf der Hausbank saßen und zufrieden unser Tagwerk betrachteten. Vergangenen Sommer plötzlich schwer erkrankt, ist mein Mann nur einen Monat nach Ausbruch der

Krankheit fortgegangen, um die Wiesen in den Gärten der Ewigkeit zu mähen. Da stand ich nun ganz plötzlich alleine da, und nur der Garten konnte mir ansatzweise so etwas wie Trost spenden. Den Kampf mit dem Rasenmäher habe ich aufgenommen und die großen Wiesenflächen gemäht, dann aber den Garten schon Anfang Oktober zusammen mit Helfern winterfest gemacht und bin nach Wien gefahren, um ein neues Leben in Angriff zu nehmen.

Im letzten Winter blieb das Gras grün, fast hätte man es mähen müssen und viele einjährige Sommerblumen wie das Spanische Gänseblümchen (Erigeron karvinskianus) *haben im Beet überwintert und sich auch noch selbst ausgesät. Irgendwie ist diese Klimaveränderung für uns gärtnernde Menschen verwirrend. Was muss man pflanzen, wenn es so warm bleibt? Sukkulenten, Kakteen, Mittelmeerkräuter?*

NATUR im GARTEN
Gesund halten, was uns gesund hält

Jetzt schläft er, der Garten und nur die gefiederten Bewohner, die neugierigen Rehe und die freundliche Nachbarin, die dafür sorgt, dass die Kübelpflanzen im Keller genug Feuchtigkeit bekommen, hinterlassen ihre Spuren im Schnee.

Jetzt hat sich die große Hitze seit ein paar Tagen gelegt und es hat endlich geregnet, nicht sehr ausgiebig, aber immerhin. Aus der sizilianisch-braungelben Wiese sprießt es schon wieder zartgrün hervor und die schlaffen Blätter der Kermesbeeren haben sich aufgerichtet. Hochsommerlich strahlendgelb und dunkelrosa leuchtet es aus dem großen Beet und der Rosenstrauch „Jacques Cartier" macht seiner Bezeichnung „sommerblühend" alle Ehre. Mit etwas gemischten Gefühlen verbringe ich den Sommer, der wahrscheinlich mein letzter in diesem Garten sein wird, denn schon im Winter ist die Entscheidung gefallen: Mein Mietvertrag wird nicht verlängert, der Garten steht zum Verkauf. Ihn zu erwerben würde meine Kraft und meine Mittel überschreiten. „Macht es dich nicht traurig?", fragen die Freunde. „Ja und auch Nein", lautet meine Antwort. Denn alleine ist es doch nur das halbe Vergnügen und die doppelte Anstrengung. Also wünsche ich mir noch einmal einen neuen Anfang, eine neue, spannende gärtnerische Aufgabe ... und meinem Garten wünsche ich, dass er bald wieder ein passioniertes Gärtnerpaar findet, denn das Glück ... wohnt im Garten.

Ein Wort danach

Nach der Lektüre dieses Buches ist man zunächst einmal sprachlos. Es fordert geradezu dazu auf, innezuhalten und die herrlichen Bilder im Buch und diejenigen, die beim Lesen im Kopf entstanden sind, wirken zu lassen. Und Bilder entstehen dabei in großer Zahl – Bilder, die für eine ganze Gartenbibliothek höchster Qualität reichen würden.

Es ist beeindruckend, wie aus jeder Zeile die Leidenschaft für den Garten und die Liebe zu Pflanzen sprechen – insoferne könnte es keinen besseren Buchtitel geben als „Gärtnerin aus Liebe". Und ganz besonders schön zu sehen ist, dass diese Liebe auch langsam reifen kann: Man muss nicht den Garten mit der Muttermilch aufgesogen haben, um ein besonderes Gespür für dieses Thema zu entwickeln. Wenn man mit viel Verständnis für die Zusammenhänge der Natur und mit der Bereitschaft, von anderen zu lernen, an das Gartenthema herangeht, dann kann eigentlich nichts schief gehen. Dies sollte allen, die im Garten ein wenig unsicher sind und denen das Selbstvertrauen fehlt, Mut machen. – Jeder kann einen Garten formen und sich darin wohl fühlen, unabhängig von Alter, Ausbildung und Vorkenntnissen. Wichtig ist, sich durch Beratung das nötige Fachwissen anzueignen und darauf aufbauend den persönlichen Stil und den Geschmack in die Gestaltung des eigenen, individuellen Gartens einfließen zu lassen. In Niederösterreich versuchen wir sehr sanft diesen Weg der Angebote an Garteninteressierte zu gehen – wer sich an die Aktion „Natur im Garten" wendet, findet hier eine Vielfalt von Möglichkeiten, sich kompetent beraten zu lassen. Die einzige Richtung, in die wir

Garteninteressierte dabei lenken wollen, ist zur Naturnähe der Gärten – ein Grundsatz, der sich von der Verantwortung unserem Lebensraum gegenüber ableitet und wohl überlegt ist.

Der Garten von Ruth Wegerer allein reicht aus, um die Gedanken und Zielsetzungen von „Natur im Garten" zu erklären. Kein Einsatz von Gift, aber dennoch eine bewusst gestaltende Hand, die die Grenze zwischen dem Garten und der umgebenden Landschaft deutlich erkennen lässt. Gestalterische Freiheit nach dem jeweiligen Geschmack, aber mit starker Rücksichtnahme auf die natürlichen Anforderungen der Pflanzen.

Es freut mich daher ganz besonders, dass Niederösterreich diesen wunderbaren Garten beherbergen darf. Ich wünsche Ruth Wegerer, dass sich an dieser Stelle in Kronsegg ein würdiger Nachfolger findet, der den Garten nicht so belässt, wie er ist – das wäre ein musealer Zugang, der hier falsch wäre – sondern in ihrem Sinne umgestaltet und weiter entwickelt, auch wenn er sich dabei verändert. Solange die Liebe dabei ist, wird dieses Kleinod noch viel Freude bereiten. Ruth Wegerer selbst wünsche ich, dass sie für einen kraftvollen Neuanfang wieder den richtigen Garten findet und zum richtigen Zeitpunkt ihre Freude daran wieder mit uns teilt.

Landesrat Wolfgang Sobotka

Anregungen und Tipps aus dem Garten und der Region

Sehenswertes rund um den Kronsegger Garten … und etwas weiter weg

Arche Noah Schaugarten
Obere Straße 40
A-3553 Schiltern
+43(0)2734.8626
www.arche-noah.at

Dr. Brigitte & Dr. Felix Kromer
in Fuglau im Waldviertel – sehenswerte Gartenanlage mit vielfältigsten Stauden, Rosen, Wasser- und Kiesgärten, nach telefonischer Voranmeldung zu besuchen.
+43(0)676.798311

Cathy Matuschkas Marienschlössl
– Rosenhighlight der Region!
+43(0)2735.79235
www.marienschloessl.at

Kamptalgärten –
alle sehenswerten Gartenattraktionen der Region unter einem Gartenhut!
www.kamptalgaerten.at

Regina Wiklickys Naturoase
mit seltenen Clematis ist immer eine Fahrt nach Freistadt/OÖ wert!
+43(0)7942.76314
www.clematisgarten.at

Auch **Veronika Pitschmann**, Gartengestalterin in Pettenbach/OÖ mit wunderbarem Gartenreich, öffnet nach Vereinbarung ihre Gartentüre.
+43(0)7586.8001-14

Schönes & Praktisches aus meinem Garten

Die bepflanzten Sandsteingefäße und Objekte stammen aus der Werkstätte der Steinkünstlerin Anna Schalk.
+43(0)664.4253339
www.annaschalk.com

Rosenstützen in barocker Form und Beeteinfassungen aus Weidengeflecht beziehe ich von EDEN Galerie für Haus und Garten.
Auhofstr. 43
A-1130 Wien
Tel. +43(01)8767181

Extra angefertigt hat mir meine Rosenbögen Gerhard Horvath.
Bergen 170
A-7572 Deutsch Kaltenbrunn
+43(0)676.9350093
www.feuerundform.at/home

Ambitionierte, empfehlenswerte Gärtnereien – nah & ferner

Gärtnerei Holzer – ein kleiner Lichtpunkt im nahen Umfeld.
A-3552 Lengenfeld
+43(0)2719.2138

Kittenberger Erlebnisgärten –
Schaugärten und große Rosen-Auswahl.
Laabergstr. 15
A-3553 Schiltern
+43(0)2734.8228-0
www.kittenberger.at

ReinSaat –
Biologisches Saatgut.
A-3572 St.Leonhard 69
+43(0)2987.2347
www.reinsaat.co.at

Artner –
Waldviertler Bio-Baumschule.
Reichenau am Freiwald 9
A-3972 Bad Großpertholz
+43(0)2857.2970
www.artner-biobaumschule.at

Sarastro –
bei Christian Kreß findet man „first class"-Staudenraritäten!
A-4974 Ort/Innkreis 131
+43(0)664.2610362
www.sarastro-stauden.com

Gärtnerei Bach –
wunderbare Biogärtnerei, erste Adresse für Gemüse, Kräuter und Duftpelargonien.
Contyweg 165
A-1220 Wien
+43(01)2809534
www.gaertnerei-bach.at

Lederleitner –
Österreichs „Lifestyle-Pionier" zeigt ausgesuchte Solitärgehölze, Citrusspezialitäten, Stauden und Rosen und dazu einfach alles Schöne & Nützliche für den Garten.
www.lederleitner.at

Baumschule Praskac –
größter Anbieter von Gehölzen, Sträuchern und Rosen.
Praskacstr. 101–108
A-3430 Tulln
+43(0)2272.62460
www.praskac.at

Gartengestaltung Miely –
Pfingstrosengarten in Oberösterreich mit über 200 verschiedenen Stauden-Päonien, vielen Strauchpfingstrosen und Raritäten aus Asien und Amerika.
Uttenthal 4
A-4611 Buchkirchen
+43(0)7242.28415
www.paeoniamiely.com

Albrecht Hoch –
Importeur von Pflanzenspezialitäten und Blumenzwiebeln, schon allein die Kataloge im Hochformat sind ein Hit!
Potsdamerstr. 40
D-14163 Berlin
+49(0)30.8026251
www.albrechthoch.de

Clematisspezialitäten Herian –
mein Fixpunkt bei den Gartentagen in Seitenstetten!
Adlesweg 11
D-89440 Unterliezheim
+49(0)9089.754
www.clematis-herian.de

Staudengärtnerei Dieter Gaissmayer –
sollte in meiner Nähe dringend eine Filiale eröffnen!
Jungviehweide 3
D-89257 Illertissen
+49(0)7303.7258
www.staudengaissmayer.de

Gartenbegleiter – anregende, unterhaltsame und lehrreiche Gartenbücher – eine Auswahl

New Country Garden – a Plant Lover's Paradise
Elpeth Thompson, Melanie Eclare – Verlag Ryland, Peters & Small

Neues Gartendesign mit Stauden und Gräsern
Piet Oudolf mit Noël Kingsbury – Verlag Ulmer

Meine Lieblingspflanzen
Piet Oudolf, Henk Gerritsen – Verlag DVA

Faszination Stauden
Christian H. Kreß – Verlag avBuch

Genial gärtnern – Biologisch und naturnah
Monty Don – Verlag Dorling Kindersley

Die heimlichen Geliebten des Gärtners
Jane Taylor – Verlag Dumont

Von fast vergessenen Gemüsen, Kräutern und Beeren
Marina Buser, Antonia Koch – Verlag Hädecke

Der neue Küchengarten
Anna Pavord – Verlag Dorling Kindersley

Selbstversorgung aus dem Garten
John Seymour – Verlag Ravensburger

Das große Buch der Clematis
Charles Chesshire – Christian Verlag

Lilien
Jefferson-Brown – Christian Verlag

Rosen
Paul Starosta, Éléonore Cruse – Verlag Knesebeck

Pelargonien
Marion Nickig, Barbara Pöschel – Verlag Edition Ellert & Richter

Ein Garten
Alma de l'Áigle – Verlag Döring und Galitz

Der Stinkgarten oder die Faszination des Gegenteils
Jürgen Dahl – Verlag Klett-Cotta

Derek Jarmans Garten mit Fotos von Howard Sooley
Verlag Volk und Welt

Ein Garten in Italien
Joan Marble – Diana Verlag

Der Garten der Künstlerin – 33 Porträts
Charlotte Seeling – Verlag Gerstenberg

Aktivitäten rund um den Garten

Acanthus –
Gartenclub der österreichischen Lustgärtner, Grünfinger & Rosenfeen
www.lustgaertner.at

Österreichische Gesellschaft für Historische Gärten
www.oeghg.at

Gesellschaft zur Förderung der Gartenkultur (Deutschland)
www.gartengesellschaft.de

Gartenlust & Rosenzauber – 1 Fest in 2 Gärten
www.garten-zauber.at

Gartentage Seitenstetten
www.stift-seitenstetten.at

Natur im Garten
www.naturimgarten.at

Seid herzlichst bedankt

ihr Gartengeister und Elfen

für die wundersame Unterstützung unseres Gartenbuch-Projekts!

Danke an „Natur im Garten" - Landesrat Wolfgang Sobotka sowie Thomas Uibel für Interesse und Vertrauen. Danke an Nikolaus Brandstätter für den Enthusiasmus, danke an Christian Brandstätter und Elisabeth Hölzl für die stetige Treue. Danke an Beatrix Kutschera für die grafische Umsetzung meiner Vorstellungen und vor allem für ihre Geduld. Danke an Ingrid Langoth für das verständnisvolle Lektorat (und die „Gänsehaut"). Danke an Margit Benes-Oeller für alle unterstützenden Worte. Danke an Ulrike Müller-Kaspar für die zündende Idee und fürs Blumengießen. Und schlussendlich fehlen mir eigentlich die Worte für das riesengroße Dankeschön an Simone Andress für ihre wunderbaren Bilder, die jahrelange Beobachtung der verschiedenen Entwicklungsstadien des Gartens und ihre tatkräftige Mitarbeit, vor allem im „Gemüse"!

IMPRESSUM

Bibliografische Information der
Deutschen Nationalbibliothek
Die Deutsche Nationalbibliothek verzeichnet diese Publikation
in der Deutschen Nationalbibliografie; detaillierte bibliografische
Daten sind im Internet über http://dnb.d-nb.de abrufbar.

1. Auflage

Graphische Gestaltung: Beatrix Kutschera, Atelier 21, Wien
Technische Betreuung: Johann Kutschera, Atelier 21, Wien
Lektorat: Ingrid Langoth
Gesamtherstellung: Grasl Druck und Neue Medien, Bad Vöslau

ISBN 978-3-85033-086-2

Christian Brandstätter Verlag
GmbH & Co KG
A-1080 Wien, Wickenburggasse 26
Telefon (+43-1) 512 15 43-0
Telefax (+43-1) 512 15 43-231
E-Mail: info@cbv.at
www.cbv.at